Liebe Schülerinnen, liebe Schüler!

Dieses Arbeitsheft will euch helfen, eure Leistungen in der Rechtschreibung zu verbessern. Wenn ihr mit Ausdauer regelmäßig übt, lernt ihr, wie die Wörter richtig geschrieben werden.

In diesem Arbeitsheft trainiert ihr abwechslungsreich Rechtschreibstrategien, die euch helfen, richtig zu schreiben.

Viele Wörter schreibt man lautgetreu, wie man sie spricht (Beispiel: Kinder).

Das sind **Mitsprechwörter.**

Andere Wörter schreibt ihr richtig, wenn ihr die Rechtschreibregeln anwenden könnt (Beispiel: Hand – Hände).

Das sind **Nachdenkwörter.**

Wenn ein Wort **nicht** so geschrieben wird, wie man es spricht, und wenn auch keine Rechtschreibregel angewendet werden kann, dann müsst ihr euch die Schreibweise merken (Beispiel: Boot).

Das sind **Merkwörter.**

Die Zeichen für die drei Wortgruppen sind im Arbeitsheft den einzelnen Aufgaben zugeordnet.

Die Arbeitshinweise geben euch genau an, wie ihr die einzelnen Aufgaben lösen könnt. Verwendet ein Lineal, wenn ihr etwas unterstreichen sollt.

Trolli – der Spaßmacher – begleitet euch durch das Arbeitsheft und gibt euch wertvolle Tipps.

Eure Arbeitsergebnisse könnt ihr selbstständig überprüfen:

- Die Rechtschreibung eines Wortes schlagt ihr im Wörterbuch nach.
- Für viele Übungsaufgaben findet ihr ab Seite 73 Lösungen.
- Ab Seite 88 könnt ihr wichtige Fachbegriffe nachschlagen.

Das Symbol für Partnerarbeit und Gruppenarbeit weist euch auf die Möglichkeit hin, mit einem Partner oder in der Gruppe zusammenzuarbeiten.

Z Das Symbol für eine zusätzliche Arbeitsaufgabe gibt den schneller arbeitenden Schülerinnen und Schülern den Hinweis auf eine zusätzliche Arbeitsmöglichkeit.

Das Symbol mit dem Heft sagt euch, dass ihr eine Aufgabe im Heft oder am Computer bearbeiten sollt.

Zu jeder Lerneinheit im Arbeitsheft findet ihr im Beiheft drei verschieden schwere Texte, mit denen ihr euren Lernstand überprüfen könnt.

- Wählt selbst einen Text zum Schreiben aus.
- Lasst euch den Text von einem Partner diktieren.
- Anschließend vergleicht ihr euren geschriebenen Text mit der Vorlage und berichtigt die Fehler.

Nun viel Spaß und guten Erfolg beim Lernen wünscht euch

Ute Wetter

Inhaltsverzeichnis

Menschenrechte

Am 10. Dezember 1948 einigten sich die **Mitgliedstaaten** der Vereinten Nationen auf die Allgemeine Erklärung der **Menschenrechte**. Die meisten Staaten beziehen sich in ihrer Verfassung auf diese Menschenrechte, aber nicht in allen Staaten der Welt werden sie eingehalten.
Das Recht auf Leben, Freiheit, Glauben und die Sicherung der Grundbedürfnisse sind genauso wichtig wie freie **Meinungsäußerung**, Bildung, Arbeit, Gesundheit und das Wahlrecht. Sklaverei und Folter sind verboten.
Diese Rechte gelten für Kinder, Frauen, Männer und auch für Menschen mit Behinderungen. Es ist dabei unwichtig, wie alt ein Mensch ist oder welche **Hautfarbe** er hat, welche Sprache er spricht oder welcher Religion er angehört.
Die Menschenrechte beginnen schon in unserer Umgebung. Sie sollen bereits in unserem **Familienleben** gelten sowie in unserer Nachbarschaft, im **Kindergarten**, in der Schule, in der Universität oder am **Arbeitsplatz**. Solange die Menschenrechte hier nicht beachtet werden, lassen sie sich auch nicht in der **Staatengemeinschaft** verwirklichen.

1. Lest den Text. Wodurch unterscheiden sich Menschen? Sprecht darüber.
2. Wo und wann lebt ihr nach den Menschenrechten? Nennt Beispiele.
3. Die fett gedruckten Nomen im Text sind aus mehreren Nomen zusammengesetzt. Zeichne eine Tabelle wie bei Aufgabe 4 und ordne sie ein.
4. Schlagt im Wörterbuch nach, ob ihr die zusammengesetzten Nomen unter einem Hauptstichwort findet oder ob ihr sie einzeln nachschlagen müsst. Notiert die Seitenzahl.

zusammengesetztes Nomen	Hauptstichwort ja/nein	bei „nein“: in folgende Nomen zerlegt	Seite
Mitgliedstaaten	nein	das Mitglied, der Staat	

Merke!

Zusammengesetzte Nomen können aus zwei Nomen bestehen.
Beispiel: das Tor + die Einfahrt = die Toreinfahrt

Viele **zusammengesetzte Nomen** kannst du im Wörterbuch unter dem **Hauptstichwort** finden. Die anderen musst du in die einzelnen Wörter zerlegen und jedes Wort getrennt nachschlagen.

Merke!

Zusammengesetzte Nomen können auch aus einem Adjektiv und einem Nomen oder einem Verb und einem Nomen zusammengesetzt sein.
Sie werden großgeschrieben.
Beispiel: **bunt + der Specht = der Buntspecht,**
zaubern + der Stab = der Zauberstab

1. Trage die zusammengesetzten Nomen mit Artikel in die Tabelle ein. Schlage jeweils das Hauptstichwort im Wörterbuch nach und notiere die Seitenzahl.

Adjektiv + Nomen	zusammengesetztes Nomen	Hauptstichwort	Seite
bunt + der Stift	der Buntstift		
fertig + das Haus			
Verb + Nomen	**zusammengesetztes Nomen**	**Hauptstichwort**	**Seite**
lesen + das Buch			
trinken + das Wasser			

Merke!

Wenn du ein Nomen mit einem Adjektiv zusammensetzt, entsteht ein **zusammengesetztes Adjektiv**. **Beispiel:** **der Finger + dick = fingerdick**
Du erhältst auch ein **zusammengesetztes Adjektiv**, wenn du mehrere Adjektive zusammensetzt.
Beispiel: **leicht + gläubig = leichtgläubig**
Zusammengesetzte Adjektive werden kleingeschrieben.

2. Trage die zusammengesetzten Adjektive in die Tabelle ein. Schlage das Hauptstichwort im Wörterbuch nach und notiere die Seitenzahl.

Nomen + Adjektiv	zusammengesetztes Nomen	Hauptstichwort	Seite
der Ofen + frisch			
die Nacht + lang			
das Licht + scheu			
Adjektiv + Adjektiv	**zusammengesetztes Nomen**	**Hauptstichwort**	**Seite**
hell + blau			
lau + warm			
halb + herzig			

 Lösungen Seite 73

Merke! Die Personalformen der unregelmäßigen Verben findest du im Wörterbuch unter dem Infinitiv. **Beispiel: du stiehlst → stehlen**

1. Schreibe den Infinitiv zu den Personalformen. Kontrolliere mit dem Wörterbuch und notiere die Seitenzahl.

Personalform	Infinitiv	Seite
du hältst		
er trifft		
es läuft		
es quillt		
er frisst		

Personalform	Infinitiv	Seite
er wäscht		
sie lässt		
er gräbt		
du liest		
du gibst		

2. Setze die richtige Personalform der folgenden Verben in die Satzlücken ein: **essen, fangen, flechten, geben, blasen**.

- Vater ______________ einen Maulwurf im Garten.
- Der Lehrer ______________ uns unsere Diktathefte zurück.
- Mutter ______________ die Kerzen auf dem Geburtstagskuchen aus.
- Mein Bruder ______________ am liebsten Currywurst mit Pommes.
- Der Korbmacher ______________ einen Wäschekorb aus Binsen.

3. Kreise im Text alle Wörter mit Rechtschreibfehlern ein (6 Wörter). Schreibe sie richtig in dein Heft. Kontrolliere mit dem Wörterbuch.

Menschenrechte

Die Erklerung stellt klar, | dass die Menschenrechte für jeden Menschen gelten. | Das Recht auf Leben, | Freiheit, Glauben und die Sicherung der Grundbedürfnisse | sind genauso wichtig | wie das Recht auf freie Meinungsäuzerung, | Bildung, Arbeit und Gesundheit. | Sklaverei und Folter sind ferboten. | Die Menschenrechte gelten für Kinder, | Frauen und Menner | und auch für Menschen mit Behinderungen. | Es ist dabei unwichtig, | wie alt ein Mensch ist | oder welche Haudfarbe er hat, | welche Sprache er spricht | oder welcher Religion er angehört. | Die Menschenrechte beginen schon in unserer Umgebung.

4. Lass dir von einem Partner den Text diktieren.
Kontrolliert eure Rechtschreibung mit dem Text auf Seite 4.

Lösungen Seite 73

Der erste Zug im Eurotunnel

Der Eurotunnel, der auch Kanaltunnel genannt wird, führt von Frankreich (Calais) nach England (Dover). Er ist rund 50 km lang, wobei 38 km unter der See verlaufen. Damit ist er der längste unterseeische Tunnel der Welt. Schon seit Jahrhunderten wurde über eine Verbindung beider Länder nachgedacht. Doch erst 1980 konnte die Kanaltunnelgemeinschaft, die sich 1957 gegründet hatte, aus den vielen Ideen handfeste Pläne vorlegen. Ende 1987 begannen die Bauarbeiten am Eurotunnel. Gebohrt wurde von beiden Seiten. Ende 1990 trafen sich die beiden Röhren. Es dauerte aber noch einige Jahre, bis der Eurotunnel **befahrbar** wurde. Schließlich wurden am 14. November 1994 offiziell die **Fahrten** mit dem Zug aufgenommen. Seitdem **fahren** jährlich bis zu sieben Millionen **Fahrgäste** durch den Eurotunnel. Der Eurotunnel besteht aus drei parallelen Tunneln, und zwar aus zwei eingleisigen Haupttunneln, in denen jeweils ein Zug nach Norden (England) beziehungsweise ein Zug nach Süden (Frankreich) **fährt**. Dazwischen liegt ein schmalerer, zweigleisiger Servicetunnel. Dieser Servicetunnel, der mit schmalen **Fahrzeugen befahren** wird, ist durch Querdurchgänge in regelmäßigen Abständen mit den Haupttunneln verbunden.

1. Lies den Text aufmerksam. Wie viele Jahre sind seit der ersten offiziellen Fahrt durch den Eurotunnel vergangen? ____________________

2. Welchen Zwecken dient der Servicetunnel? Sprecht darüber.

3. Zeichne eine Tabelle und ordne die Wörter aus dem Text mit dem Wortstamm **„fahr"** nach Wortarten ein. Unterstreiche den Wortstamm. R

Verben	Adjektive	Nomen
	befahrbar	

4. Z Sucht im Wörterbuch noch weitere Wörter mit dem Wortstamm **„fahr"** und schreibt sie in die Tabelle. R

Merke!

Wörter, die den **gleichen Wortstamm** haben, gehören zu einer **Wortfamilie**. Der Vokal in dem Wortstamm kann sich verändern.
Beispiel: die Fahrt – fahren – er fährt – die Fähre

1. In dem Kasten sind acht Wortfamilien verstreut. Jede der Wortfamilien umfasst drei Wörter. Ordne sie nach Wortarten in die Tabelle ein und unterstreiche den Wortstamm.

~~binden~~	das Gespräch	gebrechlich	die Beschreibung	schlaflos
die Annahme	fallen	~~die Bänder~~	zählen	das Gefälle
das Gebäude	sprechen	baufällig	ausnahmsweise	der Schläfer
brechen	zufällig	~~verbindlich~~	schriftlich	der Zähler
der Verbrecher	sprachlos	schreiben	zahllos	nehmen
			bauen	schlafen

Verben	Adjektive	Nomen
binden	verbindlich	die Bänder

2. Zeichnet eine Tabelle wie bei Aufgabe 1 und sucht zu folgenden Wörtern jeweils eine Wortfamilie: **das Wasser, die Wohnung, das Gehör, der Kämpfer, der Käufer, das Leben**. Achtet dabei auf den Wortstamm. Das Wörterbuch kann euch helfen.

Merke!

Eine **Wortfamilie** kann aus verschiedenen Wortarten bestehen.
Beispiel:
die Lautstärke (Nomen) – sie läutet (Verb) – lautlos (Adjektiv)

Lösungen Seite 73

Merke!

Aus einem Wortstamm können durch Anhängen von Vor- und Nachsilben oder Endungen neue Wörter gebildet werden, die dann eine Wortfamilie ergeben.
Beispiel: der Unfall, der Zufall, gefallen, anfällig

1. In jedem Kasten ist eine Wortfamilie versteckt. Bildet mit dem Wortstamm, den Vor- und Nachsilben oder den Endungen jeweils eine Wortfamilie, die aus möglichst vielen Wörtern besteht. Schreibt die Wortfamilien auf.
Beispiel: der Unfall, die Unfälle, der Zufall …

Un		
Zu		
zu	**fall**	ig
Ge	**fäll**	e
An	**Fall**	en
auf		

Ver		
ein		en
Ein	**kauf**	er
ab	**käuf**	lich
Ausver	**Käuf**	lustig
ausver		erin

		e
über		en
Über	**flieg**	er
Kunst	**flug**	sicher
Gleit	**Flieg**	erei
Segel		tauglich

2. Setze die fehlenden Wörter in die Satzlücken ein. Du findest sie im Text auf Seite 7.

Der erste Zug im Eurotunnel

Ende 1987 begannen die Bauarbeiten am Eurotunnel. | Es dauerte aber noch einige Jahre, | bis der Eurotunnel ____________________ wurde. | Schließlich wurden am 14. November 1994 | offiziell die ____________________ | mit dem Zug aufgenommen. | Seitdem ____________________ jährlich bis zu sieben Millionen | ____________________ durch den Eurotunnel. | Der Eurotunnel besteht aus drei parallelen Tunneln, | und zwar aus zwei eingleisigen Haupttunneln, | in denen jeweils ein Zug nach Norden (England) | beziehungsweise ein Zug nach Süden (Frankreich) ____________________. | Dazwischen liegt ein schmalerer, | zweigleisiger Servicetunnel. | Dieser Servicetunnel, | der mit schmalen ____________________ | ____________________ wird, | ist durch Querdurchgänge | in regelmäßigen Abständen | mit den Haupttunneln verbunden.

3. Lass dir von einem Partner den Text diktieren. Kontrolliert gegenseitig die Rechtschreibung und berichtigt eure Fehler.

 Lösungen Seite 74

Ötzi, der Mann aus dem Eis

Ötzi **lebte** vor **ungefähr** 5000 **Jahren** in der Jungsteinzeit. Da die meisten Beweise aus dieser Zeit längst zu Staub zerfallen sind, ist Ötzi für die Wissenschaftler ein sensationeller Fund. Ötzis Körper wurde **nämlich** in den Bergen der Alpen von **Schnee** bedeckt. Langsam wurden die **Schneemassen** zu Eis, das seinen Körper **allmählich** fest umschloss. Wie ein Panzer hatte das Eis seinen Körper über **Jahrtausende bewahrt**. Seine **Mumie verrät** den Wissenschaftlern viel über das **Leben damals**. Die Forscher können heute noch durch Tests an seinem Körper vieles über seine Zeit **erfahren**.
Ötzi war bei seinem **Tod** ungefähr 46 **Jahre** alt und nur etwa 1,60 **Meter groß**. Er hatte braune Augen und dunkles **Haar**. Sein Körper war mit **Tätowierungen verziert**. Er **trug** einen Fellmantel, eine **genähte** Mütze und an jedem **Fuß** einen **Schuh** aus **Gras**. Ötzi hatte schlechte **Zähne**.

1. Lest den Text. Was erfahrt ihr über Ötzi? Erzählt.
2. Die fett gedruckten Wörter im Text werden mit einem langen Vokal gesprochen. Zeichne eine Tabelle und ordne sie ein.

Wörter mit lang gesprochenem Vokal			
Wörter ohne Dehnungszeichen	Wörter mit Dehnungs-h	Wörter mit doppeltem Vokal (aa, ee, oo)	Wörter mit ie
lebte			

Merke!

- Die meisten Wörter mit lang gesprochenem Vokal kannst du schreiben, wie sie gesprochen werden. Das sind **Mitsprechwörter**.
  Beispiel: Wagen, Leben, Tiger
- Viele Wörter mit einem lang gesprochenen Vokal werden mit einem **Dehnungs-h** geschrieben. Aber ein Dehnungs-h steht nur vor l, m, n und r. Diese Wörter sind **Nachdenkwörter**.
  Beispiel: Jahr
- Es gibt nur wenige Wörter, in denen der lang gesprochene Vokal mit einem **Doppelvokal** geschrieben wird **(aa, ee, oo)**. Das sind **Merkwörter**.
  Beispiel: Schnee
- Viele Wörter mit dem lang gesprochenen Vokal i werden mit **ie** geschrieben. Auch sie sind **Merkwörter**.
  Beispiel: Fliege

 Lösungen Seite 74

1. Ordne die folgenden Nomen mit lang gesprochenem Vokal und schreibe sie mit Artikel auf: **Tag, Vater, Dose, Blume, Virus, Regen, Vogel, Kugel, Gras, Ton, Mut, Feder, Tiger, Nebel, Familie.**

- Wörter mit lang gesprochenem a: ______________________________
- Wörter mit lang gesprochenem e: ______________________________
- Wörter mit lang gesprochenem i: ______________________________
- Wörter mit lang gesprochenem o: ______________________________
- Wörter mit lang gesprochenem u: ______________________________

2. Setze passende Nomen von Aufgabe 1 in die Satzlücken ein.

- Die Rose ist eine gut duftende ______________.
- Ein schwarzer ______________ hat ein Nest gebaut.
- Heute will ______________ das ____________ mähen.
- Dichter ______________ breitet sich über den Feldern aus.
- Laura töpfert aus dunklem ____________ einen großen Blumenkrug.
- Die ______________ trifft sich am Sonntag zum Mittagessen.

3. Bilde jeweils fünf zusammengesetzte Nomen und schreibe sie mit Artikel auf. Unterstreiche den Doppelvokal.

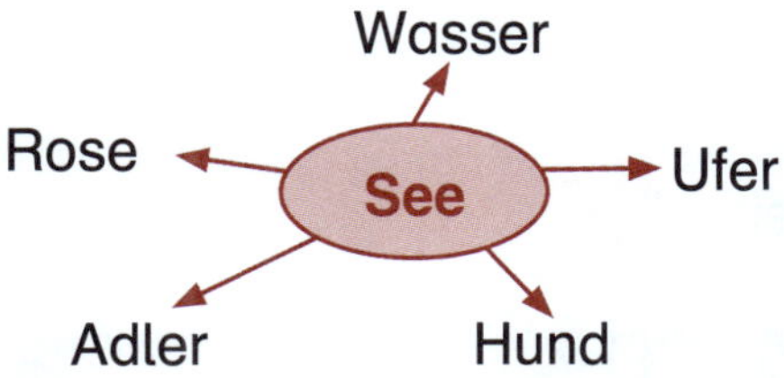

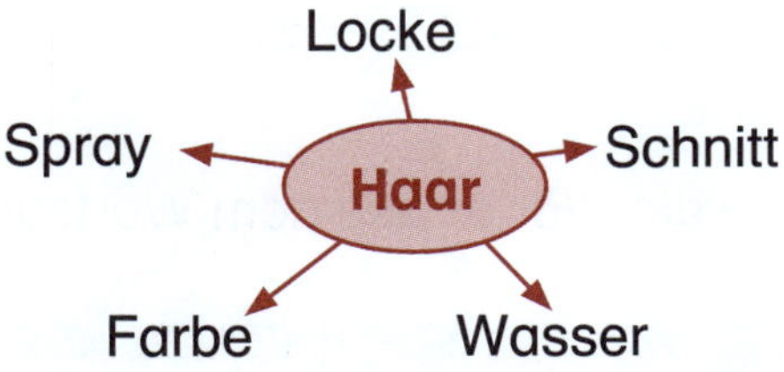

die Seerose ______________________
____
____
____
____

____
____
____
____
____

4. Bildet mit folgenden Wörtern weitere zusammengesetzte Nomen und schreibt sie mit Artikel auf: **Beere, Beet, Schnee, Klee, Waage, Paar, Boot, Moos.**

 Lösungen Seite 74

1. In dem Wortsuchrätsel sind senkrecht, waagerecht und diagonal 16 Wörter mit Dehnungs-h versteckt. Kreise die Wörter ein und schreibe sie mit Artikel auf.

M	M	Y	E	S	K	O	H	L	Ö	X	W
Y	O	U	E	P	Z	I	C	N	A	O	E
Q	U	H	J	M	Z	M	R	M	H	P	O
K	M	O	N	B	A	M	H	K	V	R	T
W	D	L	V	S	H	E	I	A	E	L	F
P	I	Ä	L	A	L	A	U	H	R	A	A
L	E	H	R	E	R	S	N	N	K	X	H
Ö	E	M	Y	P	S	Z	I	C	E	M	R
M	Y	U	G	U	A	S	T	U	H	L	R
Ä	U	N	H	M	H	T	O	U	R	J	A
W	I	G	Ö	J	N	X	R	T	K	L	D
F	S	Y	P	A	E	O	Ö	S	O	H	N

senkrecht: ______________________

waagerecht: der Kohl, ______________________

diagonal: ______________________

2. Ordne die Wörter aus dem Wortsuchrätsel in die Tabelle ein.

Wörter mit hl	Wörter mit hm	Wörter mit hn	Wörter mit hr
der Kohl			

3. Zeichnet eine Tabelle wie bei Aufgabe 2 und sucht im Wörterbuch nach passenden Wörtern.

4. Ordne die Wörter von Aufgabe 2 nach dem Alphabet.

Merke!

Das **Dehnungs-h** bleibt in den Personalformen erhalten.

1. Ergänze die Tabelle. Kontrolliere mit dem Wörterbuch.

Infinitiv	2. Person Singular (du)	3. Person Singular (er, sie, es)
kühlen	du kühlst	sie kühlt
	du stiehlst	er
		er wählt
	du fehlst	es
fahren		sie

2. Zeichne eine Tabelle und trage den Infinitiv und die Personalformen der folgenden Verben ein: **biegen, fliegen, fliehen, frieren, fließen, gießen, liegen, kriechen, schieben, schießen, schließen, siegen, spielen, verlieren, wiegen, ziehen**.

Infinitiv	1. Person Singular (ich)	2. Person Singular (du)	3. Person Singular (er,sie,es)	2. Person Plural (ihr)
biegen	ich biege	du		

3. Lass dir von einem Partner die fehlenden Wörter diktieren. Sie stehen im Text auf Seite 10. Kontrolliert gegenseitig die Rechtschreibung und berichtigt eure Fehler.

Ötzi, der Mann aus dem Eis

Ötzi ________ vor ____________ 5000 __________ in der Jungsteinzeit. Da die meisten Beweise aus dieser Zeit längst zu Staub zerfallen sind, ist Ötzi für die Wissenschaftler ein sensationeller Fund. Ötzis Körper wurde ____________ in den Bergen der Alpen von __________ bedeckt. Langsam wurden die ___________________ zu Eis, das seinen Körper ________________ fest umschloss. Wie ein Panzer hatte das Eis seinen Körper über _____________________ ______________. Seine ____________ ____________ den Wissenschaftlern viel über das ____________ ____________. Die Forscher können heute noch durch Tests an seinem Körper vieles über seine Zeit _________________.

Lösungen Seite 75

Eine Patchworkfamilie, was ist denn das?

Das englische Wort „patchwork“ heißt ins Deutsche **übersetzt** „Stückwerk“. **Stückwerk** bedeutet, dass verschiedene Teile zusammengesetzt werden. Eine Patchworkfamilie ist also aus verschiedenen Familien **zusammengefügt**. Familien **können nämlich** unterschiedlich sein. Häufig **besteht** eine Familie aus **Mutter**, **Vater** und deren gemeinsamen Kindern. Es gibt aber auch Familien, in denen eine Mutter oder ein Vater ihre Kinder **allein großziehen**. In manchen Familien **leben** Kinder, die nicht alle den gleichen Vater oder die gleiche Mutter haben. Diese Familien **nennt** man Patchworkfamilien. Zum Beispiel: Eine Mutter mit einem **Kind trennt** sich von dem Vater ihres Kindes. Nach einiger Zeit heiratet sie einen anderen **Mann**, der auch eigene Kinder hat. Gemeinsam leben sie nun in einer Patchworkfamilie. Wissenschaftler **wollten** nun von **jungen** Menschen **wissen**, welche Form der Familie in Zukunft besonders wichtig sein wird. Von vielen **bekamen** sie zur Antwort: die Patchworkfamilie.

1. Lest den Text. Kennt ihr eine Patchworkfamilie? Erzählt.
2. Unterscheide bei den fett gedruckten Wörtern im Text zwischen einem lang gesprochenen und einem kurz gesprochenen Vokal. Sprich jedes Wort leise und ordne es in die Tabelle ein. Unterstreiche den Vokal.

Wörter mit lang gesprochenem Vokal	Wörter mit kurz gesprochenem Vokal	
	übersetzt	

Merke!

Nach einem kurz und betont gesprochenen Vokal folgen fast immer zwei Konsonanten. Sie können verschieden sein oder auch Doppelkonsonanten.
Beispiel: Wand, Wind, Wanne, Kammer

 Lösungen Seite 75

1. In dem Wortsuchrätsel sind waagerecht und senkrecht 16 Wörter mit lang oder kurz gesprochenem Vokal versteckt. Kreise sie ein.

W	V	M	Z	T	A	N	Z	M	V	W	D
W	A	U	Y	J	X	X	N	A	O	I	D
W	T	T	M	C	R	S	Z	D	K	N	I
L	E	T	V	Ö	C	Ö	I	E	A	T	H
Ö	R	E	K	R	A	B	B	E	L	E	A
W	V	R	I	Ä	F	M	I	T	E	R	N
E	A	Ä	P	C	Ö	O	T	A	B	B	D
F	S	S	C	H	A	L	E	S	B	S	M
Z	E	D	E	B	W	A	S	S	E	R	N
P	M	A	G	E	N	Q	Q	E	D	S	W
K	A	T	Z	E	E	V	M	J	O	C	V
B	R	U	M	M	E	R	D	E	D	J	D

2. Zeichne eine Tabelle und ordne die Wörter aus dem Wortsuchrätsel ein. Vergiss den Artikel nicht.

Wörter mit lang gesprochenem Vokal	Wörter mit kurz gesprochenem Vokal
der Vater	

3. Markiere jedes Wortende durch einen senkrechten Strich.

Einepatchworkfamilie, wasistdenndas?

Einepatchworkfamilieistausverschiedenenfamilienzusammengefügt. Familienkönnennämlichunterschiedlichsein. Häufigbestehteinefamilieausmutter, vaterundderengemeinsamenkindern. Esgibtaberauchfamilien, indeneneinemutter odereinvaterihrekinderalleingroßziehen. Inmanchenfamilienlebenkinder, dienichtalleden gleichenvateroderdiegleichemutterhaben. Diesefamiliennenntmanpatchworkfamilien.

4. Schreibe den Text richtig auf. Achte dabei auf die Großschreibung der Nomen. Kontrolliere mit dem Text auf Seite 14.

5. Z Lass dir den abgeschriebenen Text von einem Partner diktieren. Kontrolliert gegenseitig die Rechtschreibung und berichtigt eure Fehler.

Wie kam der Regenwurm zu seinem Namen?

Wenn es stark regnet, **kommen** Regenwürmer an die Erdoberfläche. Sie **wollen** nämlich in ihren Wohnröhren, die bis zu drei Meter tief in die Erde führen, nicht **ertrinken**. Dieses **Verhalten** gab ihnen wahrscheinlich ihren Namen – Regenwürmer. Sie werden bis zu 30 cm lang. Im **Garten** sind Regenwürmer sehr **nützlich**. Die Würmer **lockern** beim Graben ihrer Wohnröhren die Erde auf. Sie **fressen herabfallende Blätter** und andere faulende Pflanzenteile. Dadurch **verhindern** sie, dass alles Leben unter einer dichten **Decke** aus Laub **erstickt**. Regenwürmer haben sehr viele Feinde. Auf dem **Speisezettel** der **Spitzmaus**, des Igels, der Amsel und des Wildschweins stehen sie ganz oben. Damit aber die Regenwürmer nicht aussterben, legen sie unzählige **winzige** Eier, die von einem Kokon umgeben sind, in die Erde. Nach etwa einem **halben** Jahr **schlüpfen** aus den Kokons kleinste durchsichtige Würmchen. Dann brauchen diese noch ungefähr ein Jahr, bis sie so **lang** wie ihre Eltern sind.

1. Lest den Text. Was erfahrt ihr über den Regenwurm? Erzählt.
2. Z Sammelt weitere Informationen über den Regenwurm und gestaltet ein Plakat.
3. Die fett gedruckten Wörter im Text werden mit einem kurzen Vokal gesprochen. Ordne sie richtig ein. R

- Wörter mit mehreren verschiedenen Konsonanten nach einem kurz gesprochenen Vokal:

- Wörter mit zwei gleichen Konsonanten nach einem kurz gesprochenen Vokal:

- Wörter mit den Konsonanten ck nach einem kurz gesprochenen Vokal:

- Wörter mit den Konsonanten tz nach einem kurz gesprochenen Vokal:

 Lösungen Seite 76

Merke!

- **Bei Wörtern mit kurz gesprochenem Vokal folgen mehrere verschiedene Konsonanten. Das sind Mitsprechwörter.**
  Beispiel: Land
- **Hörst du bei Wörtern mit einem kurz gesprochenen Vokal nur einen Konsonanten, dann wird das Wort mit einem Doppelkonsonanten geschrieben. Das sind Nachdenkwörter.**
  Beispiel: Sommer

1. In dem Wortsuchrätsel sind waagerecht und senkrecht zwölf Nomen mit einem Doppelkonsonanten versteckt. Kreise sie ein.

Ä	S	T	A	L	L	L	E	U	F	P
Z	W	A	L	L	X	A	X	Z	F	T
Z	K	U	N	K	F	M	R	G	L	D
X	W	T	U	I	K	M	I	F	U	K
E	N	V	S	N	Z	D	F	A	S	A
P	S	R	S	N	R	M	F	Ö	S	M
M	C	V	Ö	Z	I	N	N	P	K	M
K	H	A	I	B	E	T	T	O	P	E
R	I	W	J	T	B	J	Ö	I	T	Q
M	F	A	M	E	X	V	Y	P	D	O
S	F	V	B	R	E	T	T	U	Q	N

2. Schreibe die Reimwörter aus dem Rätsel nebeneinander auf die Linien.

Stall – Wall ____________ ____________ ____________

____________ ____________ ____________

3. Schreibe die zwölf Nomen von Aufgabe 2 im Singular und im Plural auf. Vergiss den Artikel nicht. Kontrolliere mit dem Wörterbuch. Aufgepasst! Ein Wort steht immer im Singular.

Merke!

Viele Wörter enden mit einem Doppelkonsonanten. Wenn du diese Wörter verlängerst und sie deutlich in Silben sprichst, kannst du den Doppelkonsonanten hören.
Beispiel: der Stall – die Stäl-le (Plural), dünn – dün-ner (Steigerung)

Merke!

Der Doppelkonsonant bleibt in den Personalformen von Verben erhalten, wenn er einem kurz gesprochenen Vokal folgt.
Beispiel: brummen – ich brumme, du brummst, er (sie, es) brummt, wir brummen, ihr brummt, sie brummen

1. Setze die richtige Personalform der folgenden Verben in die Satzlücken ein: **bellen, flattern, gurren, sammeln, schellen, schnurren, spinnen, summen, surren.**

- Vor dem Fußballstadion ________________ die Vereinsfahne im Wind.
- Unser Hund ____________ immer, wenn ein Fremder an unserer Haustür ______________.
- Morgens _____________ regelmäßig eine Taube in der Tanne vor unserem Haus.
- Die fleißige Biene _______________ laut und __________________ Nektar aus vielen Blüten.
- „Unsere Katze _________________ immer leise, wenn ich sie streichle“, erzählt Laura.
- Wenn die Frau mit ihrem Spinnrad aus Wolle Fäden ________________, ________________ leise die Räder.

Merke!

Auch in zusammengesetzten Wörtern muss der Doppelkonsonant geschrieben werden.
Beispiel: sperren + das Schild = das Sperrschild
In Wortfamilien bleibt der Doppelkonsonant erhalten.
Beispiel: knallen – der Knall – knallrot

2. Bilde zusammengesetzte Nomen und schreibe sie mit Artikel auf.
Untersteiche den Doppelkonsonanten.

treffen	+	der Punkt	=	der Treffpunkt
rollen	+	die Treppe	=	____________
spinnen	+	das Rad	=	____________
klappen	+	der Stuhl	=	____________
brennen	+	das Holz	=	____________
stemmen	+	das Eisen	=	____________
schwimmen	+	der Lehrer	=	____________
stoppen	+	die Uhr	=	____________
messen	+	der Becher	=	____________

 Lösungen Seite 76

Merke!

- Nur sehr wenige Wörter werden nach einem kurz gesprochenen Vokal mit dem Doppelkonsonanten **kk** oder **zz** geschrieben. Das sind **Merkwörter**. **Beispiel:** Mekka, Pizza

- Bei den meisten Wörtern musst du nach einem kurz gesprochenen Vokal für **kk** → **ck** und für **zz** → **tz** schreiben. Das sind **Nachdenkwörter**. **Beispiel:** Deckel, Spitze
- Zwischen **ck** darfst du nicht trennen. **Beispiel:** De-ckel Aber zwischen **tz** darfst du trennen. **Beispiel:** Spit-ze

1. Setzt **k**, **ck**, **z** oder **tz** in die folgenden Wörter ein. Kontrolliert mit dem Wörterbuch.

die Stär____e	die Stre____e	die Tän____e	die Her____en
der Fun____en	die Wol____e	der Spa____	die Gese____e
die Schne____e	der De____el	das Hol____	der Wi____
die Gur____e	die Glo____e	die Hi____e	die Pflan____e

2. Zeichne eine Tabelle und ordne die Wörter von Aufgabe 1 ein.

Wörter mit k nach l, n oder r	Wörter mit ck nach kurzem Vokal	Wörter mit z nach l, n oder r	Wörter mit tz nach kurzem Vokal

3. Schreibe den Text richtig auf. Achte auf die Großschreibung der Nomen. Kontrolliere mit dem Text auf Seite 16.

WIE KAM DER REGENWURM ZU SEINEM NAMEN?

WENN ES STARK REGNET, KOMMEN REGENWÜRMER AN DIE ERDOBERFLÄCHE. SIE WOLLEN NÄMLICH IN IHREN WOHNRÖHREN, DIE BIS ZU DREI METER TIEF IN DIE ERDE FÜHREN, NICHT ERTRINKEN. DIESES VERHALTEN GAB IHNEN WAHRSCHEINLICH IHREN NAMEN – REGENWÜRMER. IM GARTEN SIND REGENWÜRMER SEHR NÜTZLICH. DIE WÜRMER LOCKERN BEIM GRABEN IHRER WOHNRÖHREN DIE ERDE AUF. SIE FRESSEN HERABFALLENDE BLÄTTER UND ANDERE FAULENDE PFLANZENTEILE. DADURCH VERHINDERN SIE, DASS ALLES LEBEN UNTER EINER DICHTEN DECKE AUS LAUB ERSTICKT.

Ein geschickter Nussknacker

In den Küstenwäldern Brasiliens lebt eine besondere Affenart. Es sind die Gelbbrust-Kapuziner, die leider vom Aussterben stark bedroht sind. Diese Äffchen sind knapp 40 Zentimeter lang und wiegen nur ungefähr dreieinhalb Kilogramm.
Die kleinen Affen gehören zu den **Allesfressern**, das **heißt**, sie ernähren sich von Blättern, Rinden, Früchten, **Nüssen** und Samen, aber auch von Insekten, Spinnen und anderen Kleintieren.
Worin zeigt sich die Intelligenz der Gelbbrust-Kapuziner?
Diese beweisen die kleinen Affen, wenn sie an das Innere einer **Nuss** gelangen wollen, denn ihnen schmeckt der **Nusskern** besonders gut. Sie wenden eine erfolgreiche Arbeitsweise an, um den Nusskern aus der harten Schale zu holen. Die kleinen Affen sammeln Steine mit einer Vertiefung, in die sie eine Nuss legen. Mit einem anderen Stein schlagen sie auf die Nuss, zertrümmern so die Schale und lösen **schließlich** den Nusskern heraus. Dabei beweisen sie sehr **großes** Geschick.

1. Lest den Text. Was erfahrt ihr über die Gelbbrust-Kapuziner? Erzählt.

2. Z Sammelt Informationen zu anderen Tierarten, die vom Aussterben bedroht sind. Gestaltet ein Plakat.

3. Die fett gedruckten Wörter im Text werden mit **ss** oder **ß** geschrieben. Ordne sie richtig ein. R

▶ Wörter mit ss: ______________________________

____

▶ Wörter mit ß: ______________________________

____

4. Sucht im Wörterbuch nach weiteren Wörtern mit **ss** oder **ß**. Ordnet sie bei Aufgabe 3 ein. R

Merke!

▶ Nach einem kurz gesprochenen Vokal wird der **s-Laut** mit dem Doppelkonsonanten **ss** geschrieben.
Beispiel: müssen, Nuss

▶ Nach einem lang gesprochenen Vokal wird der **s-Laut** mit **ß** geschrieben.
Beispiel: gießen, Buße

Lösungen Seite 76

Merke!

Bei Wortfamilien bleiben **ss** oder **ß** im Wortstamm erhalten.
Beispiel: essen – der Essteller – essbar,
schließen – das Schließfach – abschließen

1. Setzt **ss** oder **ß** in die folgenden Verben ein. Kontrolliert mit dem Wörterbuch.

gie___en	fre___en	rei___en	grü___en
me___en	bei___en	schlie___en	e___en
kü___en	pre___en	sü___en	ha___en

2. Ordne die Verben von Aufgabe 1 richtig ein. Bilde aus Verb und Nomen zusammengesetzte Nomen und schreibe sie mit Artikel auf.

Verben mit ß	
gießen	Kanne
____________	Wort
____________	Verschluss
____________	Speise
____________	Fach

Verben mit ss	
____________	Becher
____________	Löffel
____________	Napf
____________	Rede
____________	Hand

die Gießkanne, ____________

3. Setze passende Verben von Aufgabe 1 in der richtigen Personalform ein.

- Da es heute in Strömen regnet, brauchen wir nicht im Garten zu ____________.
- Laura ____________ die Apfelsinen für den gesunden Orangensaft aus.
- Lea und Lorenz ____________ den Nachtisch.
- Oma bittet ihre Enkelin: „____________ bitte die Balkontür, denn es regnet."
- Julius meint: „Vom Spargel ____________ ich besonders gern die Spargelköpfe."

Lösungen Seite 76

Merke!

In einer Wortfamilie können **ss** und **ß** wechseln, wenn sich der kurz gesprochene Vokal im Wortstamm in einen lang gesprochenen Vokal ändert oder umgekehrt.
Beispiel: der Genu**ss** – genie**ß**en – ich genie**ß**e – ich geno**ss**

1. Immer drei Wörter gehören zu einer Wortfamilie. Zeichne eine Tabelle und ordne die Wörter ein.

~~gießen~~	Genuss	fließend	Verdruss	fassen	schießen
Fluss	~~gießfertig~~	Gefäß	schießwütig	genießen	verdrießlich
unfassbar	fließen	verdrießen	genüsslich	Schuss	~~Guss~~

Verben	Adjektive	Nomen
gießen	gießfertig	der Guss

2. Ergänze die fehlenden Personalformen. Kontrolliere mit dem Wörterbuch.

Infinitiv	Präsens	Präteritum	Perfekt
reißen	es	es	es ist
vergessen	sie	sie	sie hat
beißen	er	er	er hat

3. Nummeriere die folgenden Sätze und schreibe sie in der richtigen Reihenfolge auf. Vergleiche mit dem Text auf Seite 20.

Ein geschickter Nussknacker

- ☐ In den Küstenwäldern Brasiliens | lebt eine besondere Affenart. | Es sind die Gelbbrust-Kapuziner.
- ☐ Die Gelbbrust-Kapuziner sammeln | Steine mit einer Vertiefung, | in die sie eine Nuss legen.
- ☐ Die Affen sind zwar klein, | aber sie beweisen | eine sehr hohe Intelligenz.
- ☐ Mit einem anderen Stein | schlagen sie auf die Nuss, | zertrümmern so die Schale | und lösen schließlich | den Nusskern heraus. | Dabei beweisen sie | sehr großes Geschick.
- ☐ Sie fressen | besonders gern Nusskerne.
- ☐ Um an das Innere | einer Nuss zu gelangen, | wenden sie eine | erfolgreiche Arbeitsweise an.

4. Z Diktiert euch abwechselnd die Sätze aus Aufgabe 3. Kontrolliert dann gegenseitig die Rechtschreibung und berichtigt eure Fehler.

Lösungen Seite 77

Buntspechte mit einem Stoßdämpfer?

Standvögel ziehen in den Wintermonaten nicht in wärmere Länder, sondern bleiben trotz **Eis** und Kälte bei uns. Zu ihnen gehört auch der Buntspecht, der ungefähr so **groß** ist wie eine Amsel. Sein Gefieder ist schwarz, **weiß** und rot gefärbt. Eigentlich ist er ein Allesfresser. In der warmen Jahreszeit bevorzugt er als Nahrung Insekten und Larven, die er unter der Rinde von Bäumen findet. Wenn er an die Leckerbissen herankommen will, **muss** er mit seinem kräftigen, langen Schnabel ein Loch in das morsche Holz hämmern.
Mit seiner klebrigen Zunge kann er die Insekten und Larven aus dem Loch herausziehen. Ein Sprichwort trifft hier zu: „Ohne **Fleiß**, kein **Preis**.“ Aber auch Samen, die **Gras**, Strauch und Baum hervorbringen, gehören zu seiner Nahrung. Im Winter ernährt sich der Buntspecht von Beeren, Nüssen und Samen.
Während die Rabenvögel die Nüsse mit dem **Fuß** festhalten, um an den Kern zu gelangen, klemmt der Buntspecht die **Nuss** in eine Baumspalte, die er sich zurechtgehämmert hat. Buntspechte schaffen dabei 15 Schläge in nur zwei Sekunden. Damit der Specht bei dem stets heftigen **Stoß** keine Kopfschmerzen erleidet, hat er eine Art Stoßdämpfer in seinem Schädelknochen.

1. Lest den Text. Was erfahrt ihr über den Buntspecht? Erzählt.

2. Die fett gedruckten Wörter im Text enden alle mit einem gezischten s-Laut. Ordne sie richtig ein.

- Wörter mit kurz gesprochenem Vokal vor einem stimmlosen s-Laut (Schuss): ______________________

- Wörter mit lang gesprochenem Vokal vor einem stimmlosen s-Laut (Gruß): ______________________

- Wörter mit einem Doppellaut vor einem stimmlosen s-Laut (Strauß): ______________________

- Wörter mit lang gesprochenem Vokal vor einem stimmhaften s-Laut (Los): ______________________

- Wörter mit einem Doppellaut vor einem stimmhaften s-Laut (Haus): ______________________

Wörter mit s, ss oder ß

Merke!

Am Wortende klingen alle **s-Laute** gleichartig zischend. Wenn du die Wörter, die am Wortende mit einem s-Laut geschrieben werden, verlängerst, kannst du hören, ob der s-Laut stimmhaft oder stimmlos klingt.

- Der **stimmhafte s-Laut** wird immer mit **s** geschrieben. Der vorangehende Vokal wird lang gesprochen. **Beispiel:** das Los – die Lose
- Der **stimmhafte s-Laut** wird auch nach Doppellauten und Umlauten mit **s** geschrieben. **Beispiel:** das Haus – die Häuser, er löst – lösen
- Der **stimmlose s-Laut** wird mit **ß** geschrieben, wenn man den vorangehenden Vokal lang spricht. **Beispiel:** der Gruß – die Grüße
- Der **stimmlose s-Laut** wird auch nach Doppellauten und Umlauten mit **ß** geschrieben. **Beispiel:** der Strauß – die Sträuße, er grüßt – grüßen
- Der **stimmlose s-Laut** wird mit **ss** geschrieben, wenn man den vorangehenden Vokal kurz spricht. **Beispiel:** der Schuss – die Schüsse

1. Verlängere die Nomen, indem du den Plural bildest. Ergänze im Singular das stimmhafte **s** oder das stimmlose **ss**. Kontrolliere mit dem Wörterbuch.

Singular	Plural
das Glas	die Gläser
der Flu___	
das Fa___	
das Lo___	
das Moo___	

Singular	Plural
das Gebi___	
der Krei___	
der Genu___	
das Schlo___	
der Prei___	

2. Verlängere die Nomen, indem du den Plural bildest. Ergänze im Singular das stimmhafte **s** oder das stimmlose **ß**. Kontrolliere mit dem Wörterbuch.

Singular	Plural
das Gefäß	die Gefäße
die Mau___	
der Prei___	
der Spie___	
der Klo___	

Singular	Plural
das Gra___	
der Fu___	
der Strau___	
der Bewei___	
das Glei___	

Lösungen Seite 77

Merke!

Du kannst die **Wörter mit einem s-Laut** am Wortende auf verschiedene Arten **verlängern**.

- Bilde den Plural: **das Fass – die Fässer**
- Finde den passenden Infinitiv: **er niest – niesen**
- Steigere Adjektive: **heiß – heißer – am heißesten**
- Verwende Adjektive als Attribut (Beifügung): **weiß – eine weiße Feder**

1. Verlängere die Verben, indem du den Infinitiv bildest. Ergänze in der Personalform **s**, **ss** oder **ß**. Kontrolliere mit dem Wörterbuch.

Verb in der Personalform	Verb im Infinitiv	Verb in der Personalform	Verb im Infinitiv
du spa_ß_t	spaßen	er flie___t	
sie rei___t		du lä___t	
er hei___t		sie mi___t	
sie lö___t		es rei___t	

2. Verlängere die Adjektive, indem du sie vor ein Nomen schreibst und einen sinnvollen Satz bildest: **nervös, nass, harmlos**.

- Das ____________ Holz ______________________________
- Mein ______________ Bruder ____________________________
- Der ______________ Hund ______________________________

3. Verlängere die Adjektive, indem du sie steigerst. Ergänze im Positiv **s**, **ss** oder **ß**. Kontrolliere mit dem Wörterbuch.

Positiv	Komparativ	Superlativ
gro___		
hei___		
bla___		
ratlo___		

Merke!

Bei Wortfamilien bleiben das stimmhafte s, das ss oder ß in den Wörtern erhalten.
Beispiel: die Nuss – der Nusskuchen – nussig,
der Beweis – beweisen,
der Fleiß – fleißig

1. Setze **s, ss** oder **ß** in die Nomen ein. Schreibe das verwandte Verb oder Adjektiv daneben. Kontrolliere mit dem Wörterbuch.

Nomen	Verben
das Fa___	
der Gru___	
das Gra___	

Nomen	Adjektive
das Ei___	
das Moo___	
der Bi___	

2. Setze **s** oder **ß** in die Nomen ein. Schreibe das verwandte Verb und Adjektiv daneben. Kontrolliere mit dem Wörterbuch.

Nomen	Verben	Adjektive
der Ansto___		
die Lau___		
der Spa___		

3. Kreise im Text alle Wörter mit Rechtschreibfehlern ein (16 Wörter). Schreibe sie richtig in dein Heft. Kontrolliere mit dem Wörterbuch.

Buntspechte mit einem Stoßdämpfer?

In der warmen Jareszeit | bevorzugt der Buntspecht als Nahrung | Insekten und Larven, | die er unter der Rinde von Beumen findet. | Wenn er an die Leckerbisen herankommen will, | muss er mit seinem kräftigen, | langen Schnabel ein Loch in das morsche Holz hämern. | Mit seiner klebrigen Zunge kan er die Insekten und Larwen | aus dem Loch herausziehen. |
Im Winter ernärt sich der Buntspecht von Beren, | Nüssen und Samen. | Um an den kern der Nuss zu gelangen, | klemmt der Bundspecht die Nuß | in eine Baumspalte, | die er sich zurechtgehämert hat. | Buntspechte schafen dabei | 15 Schlege in zwei Sekunden. | Damit der Specht bei dem heftigen Stos | keine Kopfschmerzen erleidet, | hat er eine Art Stoßdämpfer | in seinem schädelknochen.

4. Lass dir von einem Partner den Text diktieren.
Kontrolliert eure Rechtschreibung mit dem Text auf Seite 23.

Ein geschenkter Tag

Alle vier Jahre schenkt uns der Kalender einen Tag zusätzlich. Eigentlich hat der Februar nur 28 Tage, aber in einem Schaltjahr gibt es noch den 29. Februar.
Erklären lässt sich diese Tatsache so, **dass** ein Jahr bei uns so lange dauert, wie die Erde braucht, um die Sonne einmal zu umwandern. Wir wissen, **dass** die Erde für eine Umrundung der Sonne 365 Tage braucht. Aber die Wissenschaftler haben bei genauer Berechnung herausgefunden, **dass** die Erde für die Umrundung noch einige Stunden mehr benötigt. **Das** wird in einem einzigen Jahr nicht zum Problem. Aber in mehreren Jahren ergeben sich sehr viele Stunden, **sodass** sich unser Kalender mit der Zeit stark verschieben würde. Damit **das** nicht passiert, tricksen die Wissenschaftler ein wenig. Denn **das** Jahr, welches durch vier teilbar ist, wird zu einem Schaltjahr und erhält einen zusätzlichen Tag, nämlich den 29. Februar. Kennst du **das** nächste Schaltjahr?

1. Lest den Text aufmerksam und sprecht darüber. Warum ergibt sich alle vier Jahre ein Schalttag? Wann folgt also das nächste Schaltjahr?
2. Unterstreiche im Text die fett gedruckten Wörter so: den Artikel **das** – blau, das Demonstrativpronomen **das** – rot, die Konjunktion **dass** – grün.
3. Setze den bestimmten Artikel in die Satzlücken ein.

Lorenz freut sich über ________ gute Zeugnis. Zur Belohnung darf er ________ niedliche Kätzchen behalten. Gestern hatte Lena ________ klägliche Miauen gehört. Sie brachte ________ kleine Tier zu Emran nach Hause. Sie stellten ________ Futter vor die Haustür. Lorenz holte noch Wasser und einen Karton zum Ausruhen. ________ Wichtigste ist jetzt ein neues Zuhause für die kleine Katze.

Merke!

Das Wort **das** kann ein **bestimmter Artikel** sein.
Beispiel: das Jahr

Das Wort **das** kann ein Demonstrativpronomen (hinweisendes Fürwort) sein.
Beispiel: Das ist schön.

Für das Demonstrativpronomen kannst du immer **dies** einsetzen.
Beispiel: Das ist richtig. – Dies ist richtig.

Merke!

Das Wort **dass** ist eine **Konjunktion** und steht oft nach Verben des Sagens, Denkens oder Hörens.
Beispiel: Leon sagt, dass er heute ins Schwimmbad geht.

1. Ergänzt im Text **s** oder **ss**. Hinter jedem **das** oder **dass** steht eine Klammer. Schreibt hinein, ob es sich um einen Artikel, ein Demonstrativpronomen oder eine Konjunktion handelt. Benutzt folgende Abkürzungen: **Artikel** (A), **Demonstrativpronomen** (D), **Konjunktion** (K).

Eva meint, da____ (   ) sie heute aufräumen muss. Da____ (   ) gefällt ihr gar nicht.

Sie glaubt, da____ (   ) Tim nur selten den Tisch abräumt. Sie sagt, da____ (   ) sie nicht

immer allein aufräumen möchte. Eva freut sich, da____ (   ) Tim ihr heute helfen will.

Da____ (   ) findet sie nur gerecht. Da____ (   ) Aufräumen im Haushalt sollten sich alle teilen.

Er saugt da____ (   ) Zimmer und bringt alte Zeitungen in den Müll.

2. Die Wörter in den Sätzen sind durcheinandergeraten. Bringe die Wörter in eine sinnvolle Reihenfolge und schreibe die Sätze auf.

Ein geschenkter Tag

- 29. Februar Der geschenkter ein Tag ist.
- wissen Wir, dass umrundet Erde die Sonne die.
- haben Wissenschaftler herausgefunden, dass Erde die benötigt dafür jedes Jahr Stunden einige mehr 365 Tage als.
- Viele sammeln Stunden sich, sich sodass Kalender unser verschiebt.
- zum Problem Das wird.
- du nächste das Kennst Schaltjahr?

3. Diktiert euch abwechselnd die Sätze aus Aufgabe 2. Kontrolliert die Rechtschreibung und berichtigt eure Fehler.

Überall Plastik!

In der Klasse diskutieren die Schülerinnen und Schüler über **Plastik**. „Unsere **Welt** ist voll von Plastik", behauptet Paul. „Schaut euch doch einmal in eurer **Wohnung** um. Ihr findet bestimmt in jedem Zimmer ein **Ding**, das aus Plastik besteht." „Ja", bestätigt Luis, „zum Beispiel ist das **Spielzeug** meines kleinen Bruders aus Plastik und meine Gummistiefel auch." Paul erklärt seinem **Freund**: „Plastik ist ein Material, das künstlich hergestellt wird. Wissenschaftler sprechen deshalb lieber von Kunststoffen." „Im **Internet** habe ich gelesen, dass Kunststoffe **hart**, aber auch weich, **bunt**, **einfarbig**, **grob**, fein, **durchsichtig**, **luftdicht**, **luftdurchlässig**, **leicht** oder schwer sein können", erzählt Lorenz.

Er schimpft nun aufgeregt: „Es dauert sehr, sehr lange, bis das Plastik aus unserer **Umwelt** wieder verschwindet. Als wir im **Urlaub** am **Atlantik** waren, habe ich erlebt, wie das Meer ganz viele Dinge, die aus Plastik hergestellt waren, an den **Strand** spülte. In unseren Meeren schwimmen nämlich Unmengen an Plastik. Die Meerestiere fressen **häufig** die kleinen Plastikteile, die oft nur unter dem **Mikroskop** zu erkennen sind. Daran können die Tiere dann sterben." Laura gibt außerdem zu bedenken: „Kunststoffe enthalten leider auch Bestandteile, die für uns Menschen **ungesund** sind. Deshalb sollten wir überlegen, wo wir auf Plastik verzichten können." „Ja", meint Ute, „wir können für unsere Einkäufe statt einer Plastiktüte auch eine Tasche oder einen **Korb** benutzen."

1. Lest den Text aufmerksam und sprecht darüber. Habt ihr noch weitere Ideen, wo wir auf Plastik verzichten können?
2. Die fett gedruckten Wörter im Text werden am Wortende mit einem gleich oder ähnlich klingenden Konsonanten geschrieben. Ordne sie richtig ein.

▶ b oder p am Wortende: ______________________________

____

▶ d oder t am Wortende: ______________________________

____

____

▶ g oder k am Wortende: ______________________________

____

Merke!

Im **Auslaut** klingen alle Konsonanten stimmlos. Du kannst nicht hören, ob ein Wort mit **b** oder **p**, **d** oder **t**, **g** oder **k** geschrieben wird. Verlängere das Wort, dann kannst du die Konsonanten hören.

- Nomen kannst du verlängern, indem du den Plural bildest.
  Beispiel: das Sieb – die Siebe, das Horoskop – die Horoskope, der Wald – die Wälder, die Antwort – die Antworten, der Berg – die Berge, die Bank – die Bänke
- Verben kannst du verlängern, indem du den Infinitiv bildest.
  Beispiel: sie schreibt – schreiben, er hupt – hupen, er fand – finden, sie errät – erraten, er siegt – siegen, sie parkt – parken
- Adjektive kannst du verlängern, indem du sie Nomen zuordnest.
  Beispiel: taub – taube Ohren haben, spannend – ein spannendes Buch, weit – ein weiter Weg, klug – ein kluger Mensch, krank – ein krankes Tier
- Du kannst Adjektive auch verlängern, indem du sie steigerst.
  Beispiel: lieb haben – lieber haben, breit – breiter, stark – stärker

1. Verlängere die Nomen, indem du den Plural bildest. Ergänze im Singular **b/p**, **d/t** oder **g/k**. Kontrolliere mit dem Wörterbuch.

Nomen im Singular	Nomen im Plural	Nomen im Singular	Nomen im Plural
das Mikrosko_p_	die Mikroskope	der Freun___	
der Kor___		die Wel___	
der Sie___		das Kal___	
das Gra___		der Gegenstan___	
das Din___		der Hu___	
das Wer___		die Nach___	
die Ban___		das Gelen___	
der Ta___		die Bur___	
das Vol___		der Hun___	
der Zu___		das Lich___	

1. Verlängere die Verben, indem du den Infinitiv bildest. Ergänze in der Personalform **b/p**, **d/t** oder **g/k**. Kontrolliere mit dem Wörterbuch.

Verb in der Personalform	Verb im Infinitiv
du hu_p_st	hupen
er win___t	
sie fän___t	
er glau___t	
er pum___t	

Verb in der Personalform	Verb im Infinitiv
du lo___st	
sie wie___t	
er rä___	
es pie___st	
es stin___t	

2. Verlängere die Adjektive, indem du sie Nomen zuordnest. Ergänze **b/p**, **d/t** oder **g/k**. Kontrolliere mit dem Wörterbuch.

Adjektiv	Adjektiv vor einem Nomen
gro_b_	gro_b_er Sand
run___	ein run___er Tisch
brei___	ein brei___es Bett

Adjektiv	Adjektiv vor einem Nomen
lan___	ein lan___er Schleier
kal___	ein kal___er Wind
kran___	ein kran___es Kind

3. Verlängere die Adjektive, indem du sie steigerst. Ergänze im Positiv **b/p**, **d/t** oder **g/k**. Kontrolliere mit dem Wörterbuch.

Positiv	Komparativ	Superlativ
wil___		
bun___		
lie___		
plum___		
star___		

Merke!

Wenn du nicht weißt, ob das Wort am Wortende mit b oder p, d oder t, g oder k geschrieben werden muss, kannst du auch ein verwandtes Wort suchen.
Beispiel: der Staub – staubig,
der Sieg – siegen,
stark – die Stärke

1. Bilde Wortfamilien mit einem Nomen, einem Adjektiv und einem Verb.
Beispiel: **die Liebe – lieb – lieben**

Nomen	Adjektive	Verben
~~die Liebe~~	lang	erweitern
die Länge	weit	~~lieben~~
die Krankheit	stark	verlängern
der Raub	~~lieb~~	stärken
die Nacht	krank	erkranken
die Weite	täglich	vertagen
der Tag	räuberisch	rauben
die Stärke	nächtlich	nächtigen

2. Sucht ein verwandtes Wort und ergänzt **b/p**, **d/t** oder **g/k**.
Das Wörterbuch kann euch helfen.

die Kraf t
kräftig

der Dan __
______

der Schla __
______

der Ausflu __
______

trü __
______

der Nei __
______

er ho __
______

sie zo __
______

schä __ lich
______

feuch __
______

 Lösungen Seite 78

Merke!

Bei manchen Wörtern kannst du keine verlängerten oder verwandten Formen bilden. Deshalb musst du dir diese Wörter merken.
Beispiel: das Haupt, der Herbst

1. Sucht folgende Wörter im Wörterbuch und ergänzt **b** oder **p**.

der A___fel	der Clu___	die Er___se	der Her___st
ho___sen	hü___sch	das O___st	das Reze___t
der Kre___s	der Stö___sel	plum___sen	der Se___tember

2. Zeichne eine Tabelle und ordne die Wörter von Aufgabe 1 ein.

Merkwörter mit b	Merkwörter mit p
der Club	der Apfel

3. Lass dir von deinem Partner die fehlenden Wörter diktieren. Sie stehen im Text auf Seite 29. Kontrolliert gegenseitig die Rechtschreibung und berichtigt eure Fehler.

Überall Plastik!

„Unsere ________________ ist voll von ________________“, behauptet Paul. „Schaut euch doch einmal in eurer ____________________ um. Ihr findet bestimmt in jedem Zimmer ein ________________, das aus Plastik besteht.“ Luis bestätigt: „Ja, zum Beispiel ist das ____________________ meines kleinen Bruders aus Plastik und meine Gummistiefel auch.“ Paul erklärt seinem ________________: „Plastik ist ein Material, das künstlich hergestellt wird. Wissenschaftler sprechen deshalb lieber von Kunststoffen.“ Lorenz schimpft nun aufgeregt: „Es dauert sehr, sehr lange, bis das Plastik aus unserer ____________________ wieder verschwindet. Als wir im ____________________ am ____________________ waren, habe ich erlebt, wie das Meer ganz viele Dinge, die aus Plastik hergestellt waren, an den ____________________ spülte.“

Lösungen Seite 78

Die Ozonschicht

Wir reiben unsere Haut mit Sonnencreme ein, wenn wir uns vor den Sonnenstrahlen schützen wollen. Wenn wir uns nämlich ungeschützt endlos lange der Sonne aussetzen, merken wir, wie die Haut heiß und rot wird und unangenehm brennt. So entwickelt sich schließlich ein Sonnenbrand.
Wissenschaftler machten die Entdeckung, dass auch unsere Erde vor den Strahlen der Sonne geschützt wird. Es ist eine unsichtbare Schicht aus Gas, die Ozonschicht, die unseren Planeten in großer Entfernung umhüllt. Diese Ozonschicht entfernt viele gefährliche Teile der Sonnenstrahlung, die uns krank machen können. Sie bleibt uns leider nicht unendlich lange erhalten. Vor einigen Jahren haben Wissenschaftler entdeckt, dass die Ozonschicht immer dünner wird. Über dem Südpol stellten sie sogar ein Loch in der Ozonschicht fest. Als die Forscher nach der Ursache suchten, kamen sie zu dem Endergebnis, dass in unserer Umwelt Stoffe entstehen, die die Ozonschicht endgültig zerstören können. Deshalb trafen die Politiker in vielen Ländern endlich die Entscheidung, die Entwicklung dieser schädlichen Stoffe zu verbieten. Am Internationalen Tag zum Schutz der Ozonschicht sollen sich die Menschen daran erinnern, wie wichtig diese schützende Hülle für unsere Welt ist.

1. Lest den Text. Was erfahrt ihr über die Ozonschicht? Erzählt.
2. Z Informiert euch im Internet über die Stoffe, die die Ozonschicht zerstören. Was wird gegen die Zerstörung der Ozonschicht unternommen? Schreibt auf.
3. Unterstreiche im Text die Wörter, die mit der Vorsilbe **Ent-/ent-** und **End-/end-** geschrieben werden.
4. Zeichne eine Tabelle und ordne die unterstrichenen Wörter ein.

Wörter mit der Vorsilbe Ent- /ent-	Wörter mit der Vorsilbe End- /end-

5. Z Sucht im Wörterbuch weitere Wörter für die beiden Wortgruppen und tragt sie in die Tabelle ein.

Lösungen Seite 78

Merke!

Diese Wörter musst du dir merken:

- Die Vorsilbe **End-/end-** wird **betont gesprochen.**
  Sie hat etwas mit **Ende** zu tun.
  Beispiel: endlos (ohne Ende),
  die Endstation (Station am Ende)
- Die Vorsilbe **Ent-/ent-** wird **nicht betont** gesprochen.
  Sie hat etwas mit **weg** oder **heraus** zu tun.
  Beispiel: entfernen (wegkommen),
  die Entdeckung (herausfinden)

1. Verbinde die Vorsilben mit dem passenden Wort. Kontrolliere mit dem Wörterbuch. Schreibe die Wörter dann mit Artikel auf. **Beispiel: das Endspiel**

End	ent	Ent	end	Ent	end	End	ent
gleisen	spiel	los	gültig	fernung	hüllen	scheidung	station

2. Setze die passenden Wörter von Aufgabe 1 in die Satzlücken ein.

- Bei der Fußballweltmeisterschaft wurde das ____________________ pünktlich angepfiffen.
- Das Denkmal wurde vom Bundespräsidenten ____________________.
- Die ____________________ von Hamburg bis München beträgt ungefähr 1000 km.

3. Setze die Vorsilben **End-/end-** oder **Ent-/ent-** in die Wortlücken ein. Achte auf die Großschreibung der Nomen. Vergleiche mit dem Text auf Seite 34.

Die Ozonschicht

- Wenn wir uns ______los lange | der Sonne aussetzen, | brennt die Haut.
- Wissenschaftler haben ______deckt, | dass die Ozonschicht | immer dünner wird.
- Die Forscher kamen | zu dem ______ergebnis, | dass Stoffe ______stehen können, | die die Ozonschicht | ______gültig zerstören können.
- Die Politiker trafen ______lich | die ______scheidung, | die ______wicklung dieser Stoffe zu verbieten.

4. Diktiert euch abwechselnd die Sätze aus Aufgabe 3. Kontrolliert die Rechtschreibung und berichtigt eure Fehler.

Lösungen Seite 78

Wie gefährlich sind Hornissen?

Viele Menschen **fürchten**, dass sie von einer Hornisse gestochen werden. Aber die Hornisse **verhält** sich den Menschen gegenüber sehr **friedlich**. Eine Hornisse sticht nur, wenn sie bedroht oder ihr Nest angegriffen wird. Sie ist die größte **Verwandte vieler** Wespenarten. Die kleineren Wespen sind häufig sehr angriffslustig, wenn sie um unsere Süßspeisen **fliegen** oder um den blühenden **Lavendel kurven**. Hornissen dagegen sind ständig auf der Jagd nach Raupen, **Fliegen, Larven** und den kleineren Wespen. Hornissen leben in Staaten. In ihrem Staat wohnt eine Königin, die Eier legt. Außerdem leben dort **viele fleißige** Arbeiterinnen. Sie jagen ihre Beutetiere oder pflegen die Eier und **versorgen** die Larven, die aus den Eiern schlüpfen. Im Herbst **verpuppen** sich aus bestimmten Larven die Königinnen und aus anderen Larven die männlichen Hornissen. Im **Flug** paaren sich dann die Königinnen mit den Männchen. Nun überwintern die Königinnen in einem **Versteck** und gründen im **Frühjahr** ein neues **Volk**. Die alte Königin, die Männchen und die alten Arbeiterinnen sterben.

1. Lest den Text. Was erfahrt ihr über das Leben der Hornissen? Erzählt.

2. Die fett gedruckten Wörter im Text beginnen mit einem f-Laut. Er kann mit **F/f** oder **V/v** geschrieben werden. Es gibt Wörter, in denen das **v** wie **w** gesprochen wird. Zeichne eine Tabelle und ordne die Wörter ein.

Wörter mit F/f	Wörter mit V/v für den f-Laut	Wörter mit V/v für den w-Laut
fürchten		

3. Sucht im Wörterbuch weitere Wörter mit dem f-Laut und tragt sie in die Tabelle ein.

Merke!

- **Die Buchstaben F/f oder V/v schreibt man für den f-Laut.**
  Beispiel: der Frosch, der Vogel
- **Den Buchstaben V/v schreibt man für den f-Laut oder den w-Laut.**
  Beispiel: der Vogel, die Vase

Die Wörter, die mit V/v geschrieben werden, musst du dir merken.

Lösungen Seite 78

1. Ergänzt **F/f** oder **V/v** in den folgenden Wörtern.
Kontrolliert mit dem Wörterbuch.

der ___ogel	der ___rosch	das ___eilchen	___ierzig
die ___eder	der ___ater	___ettig	tie___
das ___ieh	der ___erkehr	bra___	die ___antasie

2. Zeichne eine Tabelle und ordne die folgenden Wörter ein: **der Vers, die Lava, der Vegetarier, der November, vier, viele, die Kurve, der Vulkan, das Virus, die Villa, der Vollmond.**

V/v wie F/f gesprochen	V/v wie W/w gesprochen
der Vers	

3. Ordne auch die folgenden Wörter in die Tabelle ein: **die Vanille, das Vesperbrot, das Volk, die Olive, der Verrat, das Klavier, der Vogel, die Konservendose, das Versteck, das Video, das Pulver.**

4. Ergänzt **F/f**, **W/w** oder **V/v** in den folgenden Wörtern.
Kontrolliert mit dem Wörterbuch.

der Skla___e	die ___ärme	da___on	die ___eranda
ser___ieren	___iolett	___on	___erlieren
___orher	der ___ederball	ge___innen	der Brie___

5. Markiere jedes Wortende durch einem senkrechten Strich.

Wiegefährlichsindhornissen?

Vielemenschenfürchten, dasssievoneinerhornissegestochenwerden. Aberdiehornisseverhält sichdenmenschengegenübersehrfriedlich. Einehornissestichtmenschennur, wennsiebedrohtoderihrnestangegriffenwird. Sieistdiegrößteverwandtevielerwespenarten. Diekleinerenwespensindhäufigsehrangriffslustig, wennsieumunseresüßspeisenfliegen oderumdenblühendenlavendelkurven. Hornissendagegensindständigaufderjagdnach raupen, fliegen, larvenunddenkleinerenwespen. Hornissenlebeninstaaten. Inihremstaatwohnteinekönigin, dieeierlegt. Außerdemlebendortvielefleißigearbeiterinnen. Siejagenihrebeutetiereoderpflegendieeierundversorgendielarven, dieausdeneiernschlüpfen.

6. Schreibe den Text richtig auf. Achte auf die Großschreibung der Nomen. Kontrolliere mit dem Text auf Seite 36.

Lösungen Seite 79

Herbstbeginn

Ein Wispern und Raunen
in Büschen und Bäumen.
Der Wind peitscht die **Äste**,
jagt Wolken umher.

Schon lassen sich ahnen
die herbstlichen Stürme.
Die Strahlen der Sonne,
sie **wärmen** kaum mehr.

Die **Äpfel** sie reifen
der **Ernte** entgegen,
nicht lange dann sind sie
bereit zum **Verzehr**.

Ein blattbunter **Teppich**
liegt uns dann zu Füßen
und Zugvögel rüsten
zum Flug übers Meer.

Anita Menger

1. Lest das Gedicht. Was erfahrt ihr über den Herbst? Sprecht darüber.
2. Zeichne eine Tabelle und ordne die fett gedruckten Wörter aus dem Gedicht ein.

Wörter mit ä	Wörter mit e
die Äste	

3. Ergänze **ä** oder **e** in den folgenden Wörtern. Kontrolliere mit dem Wörterbuch.
Ordne die Wörter dann in die Tabelle von Aufgabe 2 ein.

der K___ller	der S___bel	die K___lte	der T___ller
der L___rm	die H___cke	die K___tte	die T___ler
das N___st	die F___hre	die D___cke	das Z___lt

4. Schreibe die folgenden Nomen im Singular und im Plural auf: **Land, Mann, Ball, Glas, Gras, Arzt, Garten, Kranz**. Vergiss den Artikel nicht.
Kontrolliere mit dem Wörterbuch.
5. Z Bildet zehn Sätze mit Wörtern von Aufgabe 3.

Merke!

Du kannst nicht hören, ob ein Wort mit e oder ä geschrieben wird. Prüfe, ob du ein verwandtes Wort finden kannst. Gibt es ein Wort in derselben Wortfamilie, das mit a geschrieben wird, dann schreibe dein Wort mit ä.
Beispiel: die Räder – das Rad, jährlich – das Jahr,
älter – alt, sie fährt – fahren

1. Welche Nomen stecken in der Wörterschlange?
Markiere jedes Wortende durch einen senkrechten Strich.

2. Trage die Nomen von Aufgabe 1 mit Artikel in die Tabelle ein.
Schreibe ein Adjektiv mit **a** aus derselben Wortfamilie neben das Nomen.

Nomen	verwandtes Adjektiv	Nomen	verwandtes Adjektiv
die Wärme	warm		

3. Schreibe zu jedem Nomen ein verwandtes Verb, das mit **ä** geschrieben wird.

Nomen	verwandtes Verb	Nomen	verwandtes Verb
das Jahr	sich jähren	der Kamm	
die Schale		der Kampf	
die Wahl		die Farbe	

4. Setze passende Verben von Aufgabe 3 in der richtigen Personalform ein.

- Meine Schwester ________________ die Kartoffeln für die Reibekuchen.
- Der Herbst ________________ die Blätter der Bäume rot und gelb, orange und braun.
- Die Friseurin ________________ meiner Mutter sorgfältig die Haare.
- Zu Beginn des Schuljahrs ________________ jede Klasse einen Klassensprecher.
- Der Kapitän ________________ mit seinem Schiff gegen Sturm und Wellen.

 Lösungen Seite 79

Merke!

Nicht alle Wörter, die mit ä geschrieben werden, kann man von einem verwandten Wort mit a ableiten. Diese Wörter musst du dir merken.
Beispiel: der Bär, das Mädchen

1. Die folgenden Wörter sind rückwärts geschrieben. Schreibe sie mit Artikel richtig auf.

nehcräM ______ nehcdäM ______

retäK ______ gitäK ______

egäS ______ lebäS ______

zräM ______ mräL ______

erhÄ ______ etärG ______

2. Suche das Gegenteil zu den folgenden Adjektiven. Die Wörter im Bild helfen dir. Schreibe auch die Steigerungsstufen dazu.

kurz lang – länger – am längsten

weich ______

stark ______

reich ______

jung ______

kalt ______

3. Markiere jedes Wortende durch einen senkrechten Strich.

Herbstbeginn

Derwindjagtdiewolkenüberdenhimmel. Erpeitschtdieäste. Dieherbstlichenstürmereißendann dieletztenblättervondenästen. Diebuntenherbstblätterliegenunsnunwieeinteppichzufüßen. Diestrahlendersonnewärmenkaumnoch. Dieäpfelreifenundbaldwerdensiegeerntet. Dannkönnenwirsieverzehren. Diezugvögelsammelnsichzumflugüberdasmeer. Derigelsorgtfürseinenwinterspeck. Eichhörnchensammelnnüsseundbucheckernundbringen sieineinsicheresversteck.

4. Schreibe den Text richtig auf. Achte dabei auf die Großschreibung der Nomen. Kontrolliere mit dem Text auf Seite 79.

5. Z Lass dir den abgeschriebenen Text von einem Partner diktieren. Kontrolliert gegenseitig die Rechtschreibung.

 Lösungen Seite 79

Spinnenläufer auf Jagd

Aus den Räumen rund ums Mittelmeer ist ein kleines, räuberisches Tier nach Süddeutschland eingewandert. Viele Leute finden dieses Tier scheußlich. Tatsächlich wirkt der Spinnenläufer ein wenig unheimlich mit seinen 30 langen Beinen, vor allem, wenn er blitzschnell an der Wand entlanghuscht. Der Spinnenläufer kann bis zu 15 Zentimeter groß werden und mit seinen 30 langen Beinen bedeutet es, dass er deutlich schneller läuft als seine Verwandten.
Mit seinen langen Fühlern ertastet er seine Beute, die er mit seinen giftigen Beißklauen tötet. Er ist ein nächtlicher Räuber, der sich besonders gern von Spinnen, Faltern, Fliegen und anderen Insekten ernährt. Aber auch er hat Feinde, denn Vögel, Mäuse, große Spinnen und Insekten erbeuten den Spinnenläufer gern. Wenn er in Not gerät, flüchtet er in eine Spalte im Gemäuer, um dem Angreifer zu entgehen.

1. Lest den Text. Was erfahrt ihr über den Spinnenläufer? Erzählt.
2. Unterstreiche im Text die Wörter, die mit **eu** oder **äu** geschrieben werden.
3. Zeichne eine Tabelle und ordne die unterstrichenen Wörter ein.

Wörter mit eu	Wörter mit äu

4. Ergänzt **eu** oder **äu** in den folgenden Wörtern. Kontrolliert mit dem Wörterbuch.

die L____se	die L____te	die M____se	die Str____cher
die L____chter	die B____le	die Kr____ze	die Z____ne
die Br____che	die Tr____me	die Br____ne	die Verg____dung

Merke!

Du kannst nicht hören, ob ein Wort mit **eu** oder **äu** geschrieben wird. Wenn es ein verwandtes Wort mit **au** gibt, musst du das Wort mit **äu** schreiben.
Beispiel: die Häuser – das Haus, er läuft – laufen, räuchern – rauchig – der Rauch

Wenn es **kein** verwandtes Wort mit **au** gibt, musst du das Wort mit **eu** schreiben.
Beispiel: die Leute, leuchten, feurig

Lösungen Seite 79

1. Immer drei Wörter gehören zu einer Wortfamilie. Ordne sie in die Tabelle ein.

räuchern — der Staub — bestäuben — der Laut — ~~gläubig~~
~~der Glaube~~ — lautlos — die Bräune — der Rauch — geräumig — staubig
braun — der Raum — ~~glauben~~ — räumen — der Schaum
schäumen — rauchig — bräunen — schaumig — läuten

Verben	Adjektive	Nomen
glauben	gläubig	der Glaube

2. Lass dir von einem Partner die fehlenden Wörter diktieren. Sie stehen im Text auf Seite 41. Kontrolliert gegenseitig die Rechtschreibung und berichtigt eure Fehler.

Spinnenläufer auf Jagd

Aus den ______ rund ums Mittelmeer ist ein kleines, ______ Tier nach ______ eingewandert. Viele ______ finden dieses Tier ______. Tatsächlich wirkt der ______ ein wenig unheimlich mit seinen 30 langen Beinen, vor allem, wenn er blitzschnell an der Wand entlanghuscht. Der ______ kann bis zu 15 Zentimeter groß werden und mit seinen 30 langen Beinen ______ es, dass er ______ schneller ______ als seine Verwandten. Mit seinen langen Fühlern ertastet er seine ______, die er mit seinen giftigen Beißklauen tötet. Er ist ein nächtlicher ______, der sich besonders gern von Spinnen, Faltern, Fliegen und anderen Insekten ernährt. Aber auch er hat Feinde, denn Vögel, ______, große Spinnen und Insekten ______ den ______ gern. Wenn er in Not gerät, flüchtet er in eine Spalte im ______, um dem Angreifer zu entgehen.

Die Dorschbestände in der Ostsee

Die Anzahl der Dorsche in der Ostsee hat dramatisch abgenommen. Deshalb beschlossen die europäischen Fischereiminister eine Senkung der Fangmenge für Dorsche. Während der **Laichzeit** im Februar und März ist es den Fischern nun verboten, Dorsche in der Ostsee zu fangen. Auch für die Hobbyfischer haben die Fischereiminister eine neue Obergrenze für die Fangmenge an Dorschen bestimmt. Während des **Laichens** dürfen die Angler an ihren **Kaiplätzen** höchstens drei Dorsche pro Tag fangen. Im Anschluss an die **Laichsaison** sind den Hobbyanglern nur noch fünf Dorsche pro Tag erlaubt. Auf diese Weise sollen sich die Dorschbestände vermehren. Menschen, die gerne Dorsch essen, können einen **gleichwertigen** Fisch kaufen, und zwar den Kabeljau. Dorsch und Kabeljau sind verschiedene Namen für den **gleichen** Fisch. Sie **unterscheiden** sich nur dadurch, dass der Kabeljau in der Nordsee lebt und der Dorsch in der Ostsee **beheimatet** ist. Der Kabeljau ist nicht so stark vom Aussterben bedroht wie der Dorsch.

1. Lest den Text aufmerksam. Wie versuchen die Fischereiminister das Aussterben der Dorsche zu verhindern? Sprecht darüber.

2. Die fett gedruckten Wörter im Text werden mit **ei** oder **ai** geschrieben. Ordne sie den Wortfamilien zu. Unterstreiche den Wortstamm. R

- gleichaltrig: gleichwertig ______________________

____

- der Fischlaich: ______________________

____

- die Unterscheidung: ______________________

____

- der Kai: ______________________

____

- die Heimat: ______________________

____

3. Schreibt weitere Wörter zu den Wortfamilien bei Aufgabe 2. Das Wörterbuch kann euch helfen. R

Merke!

Du kannst nicht hören, ob ein Wort mit **ei** oder **ai** geschrieben wird.
Steht im Wortstamm der Wortfamilie ein **ei**, dann werden die verwandten Wörter auch mit **ei** geschrieben.
Beispiel: **breit – die Breite – verbreiten,**
gleich – die Gleichheit – vergleichen

Nur wenige Wörter werden mit **ai** geschrieben.
Diese Wörter musst du dir merken.
Beispiel: **der Hai, der Laich, der Hain**

1. Die gesuchten Wörter in dem Rätsel werden mit **ai** geschrieben. Ergänze die fehlenden Buchstaben.

Raubtier des Meeres:		A	I			
Wäldchen:		A	I			
Fünfter Monatsname:		A	I			
Körnerfrucht:		A	I			
Elternloses Kind:		A	I			
Gekrönter Herrscher:		A	I			
Eier von Wassertieren:		A	I			
Nebenfluss des Rheins:		A	I			
Befestigtes Hafenufer:		A	I			
Geformtes Brot:		A	I			

2. Setze **ei** oder **ai** richtig in die Wortlücken ein. Schau im Wörterbuch nach. Achte dabei auf die Bedeutung des Wortes.

- Ich habe das Buch bis zur S____te 40 gelesen. Beim Spielen auf meiner Geige ist mir eine S____te gerissen.
- Ein Kind, das keine Eltern mehr hat, ist eine W____se. Lorenz löst das Rästel auf seine eigene W____se.
- Eva übt mit L____b und Seele für das Konzert. Der Bäcker zieht einen L____b Brot nach dem anderen aus dem Ofen.

Merke!

Es kommt auch auf die Bedeutung eines Wortes an, ob es mit **ei** oder **ai** geschrieben wird.
Beispiel: **der Laie (jemand, der kein Fachmann ist),**
die Leier (ein Musikinstrument)

1. Setze die folgenden Wörter in die Satzlücken ein: **Bai, Hain, Kairo, Kai, Samurai, Mainz, Taifun**.

- Die Schiffe aus Übersee legen am ________________ des Hamburger Hafens an.
- Die Hauptstadt Ägyptens heißt ____________________.
- Einen starken Sturm im Pazifik bezeichnet man als ____________________.
- Lorenz erklärt: „Der ________________ ist ein kleiner, lichter Wald hinter unseren Feldern."
- Vater erzählt: „Die __________________________ sind Angehörige der japanischen Kriegerkaste."
- Eine Stadt am Rhein heißt ____________________.
- Laura meint: „Eine große Meerbucht wird ____________________ genannt."

2. Z Bilde aus den folgenden Wörtern vier zusammengesetzte Nomen. Schreibe sie mit Artikel auf.

das Brot	die Kinder	die Geigen	die Mauer
die Saite	der Kai	die Waisen	der Laib

3. Markiere jedes Wortende durch einen senkrechten Strich.

Diedorschbeständeinderostsee

Währendderlaichzeitimfebruarundmärzistesdenfischernnunverboten, dorscheinderostsee zufangen. Auchfürdiehobbyfischerhabendiefischereiministereine neueobergrenzefürdiefangmengeandorschenbestimmt. Währenddeslaichensdürfen dieangleranihrenkaiplätzenhöchstensdreidorscheprotagfangen. Imanschlussan dielaichsaisonsinddenhobbyanglernnurnochfünfdorscheprotagerlaubt. Aufdieseweisesollensichdiedorschbeständeerholen. Menschen, diegernedorschessen, könneneinengleichwertigenfischkaufen, undzwardenkabeljau. Dorschundkabeljau sindnurverschiedenenamenfürdengleichenfisch. Sieunterscheidensichnurdadurch, dassderkabeljauindernordseelebtundderdorschinderostseebeheimatetist.

4. Schreibe den Text richtig auf. Achte auf die Großschreibung der Nomen. Kontrolliere mit dem Text auf Seite 43.

5. Z Lass dir den abgeschriebenen Text von einem Partner diktieren. Kontrolliert gegenseitig die Rechtschreibung und berichtigt eure Fehler.

Lösungen Seite 80

Im Wald der Weihnachtsbäume

Tim verbringt die Sommerferien bei seinen Großeltern im Sauerland. **Mittags** besucht er mit seinem Opa eine Schonung, in der vor allem Nordmanntannen angebaut werden. Tim erfährt von der Besitzerin des Anbaugebietes sehr viel Wissenswertes. Er notiert **flugs** die wichtigsten Tatsachen, die in keinem **Lexikon** zu finden sind. Er will nämlich einen **Text** für die Schülerzeitung über den Anbau der Tannen schreiben. In der Eile macht Tim einen **Klecks** in sein Notizbuch. „Macht nichts", denkt er und steckt sich einen **Keks** in den Mund.
Die Eigentümerin erzählt: „Man könnte unsere Gegend hier im Sauerland auch Weihnachtsbaumland nennen. Denn die Nordmanntannen werden **extra** für das Weihnachtsfest großgezogen. Die ersten drei Jahre verbringen die Pflanzen hier in der Baumschule. In dieser Zeit **wachsen** sie ungefähr 20 Zentimeter. Anschließend werden sie auf unsere Felder umgepflanzt. Diese werden **ringsum** eingezäunt, damit die Rehe die frischen Triebe nicht abknabbern können. Der Boden um die Tannen muss frei von Unkraut und anderen **Gewächsen** gehalten werden, damit das **Wachstum** der kleinen Tannen nicht von ihnen gestört wird. Deshalb sind täglich **Experten unterwegs**, um Unkraut zu zupfen und den Boden zu rechen und aufzulockern. Dabei müssen sie aufpassen, dass sie die kleinen Tannenpflanzen nicht mit dem Unkraut **verwechseln**. Wenn die Bäume größer sind, bekommen sie einen Formschnitt, damit sie einen gleichmäßigen **Wuchs** erhalten. Häufig wird auch die Rinde eingeritzt. Dadurch werden die Bäume buschiger und schießen nicht so **fix** in die Höhe. Nach etwa acht Jahren können wir sie dann mit der **Axt** fällen, um sie zu verkaufen."

1. Lest den Text. Was erfahrt ihr über den Anbau von Weihnachtsbäumen? Erzählt.

2. Die fett gedruckten Wörter im Text haben einen x-Laut. Ordne sie richtig ein. !

▶ Wörter mit x: ______________________________

▶ Wörter mit chs: ______________________________

▶ Wörter mit gs: ______________________________

▶ Wörter mit ks oder cks: ______________________________

Merke!

Der **x-Laut** kann mit den Buchstaben **gs**, **ks**, **cks**, **chs** oder **x** geschrieben werden.
Beispiel: ringsum, der Keks, der Knicks,
die Eidechse, der Text

 Lösungen Seite 80

Merke!

In vielen Wörtern wird der **x-Laut** mit **gs** geschrieben.
Schau im Wörterbuch nach, wenn du unsicher bist, wie du ein Wort schreiben musst.
Beispiel: blindlings, rücklings, Pfingsten

Du kannst auch prüfen, ob du ein verwandtes Wort in einer Wortfamilie findest.
Beispiel: unterwegs – Wege, mittags – Tage, ringsum – Ringe, anfangs – anfangen

1. Setze die folgenden Wörter in die Satzlücken ein: **rücklings, blindlings, Pfingsten.**

- Der Hund folgte seinem Herrn ______________________ durch den Wald.
- Meine Freundin stürzte ______________________ vom Pferd und brach sich das Bein.
- Christen feiern fünfzig Tage nach Ostern ______________________.

2. Setze die folgenden Wörter in die Satzlücken ein: **unterwegs, mittags, ringsum.**

- Die Sonne steht ______________________ am höchsten.
- Eine Insel ist ______________________ von Wasser umgeben.
- Wir übernachteten ______________________ in einer Jugendherberge.

3. Ergänze die fehlenden Personalformen. Kontrolliere mit dem Wörterbuch.

Infinitiv	2. Person Singular
fliegen	du fliegst
tragen	
fangen	

Infinitiv	2. Person Singular
klagen	
fragen	
jagen	

4. Verbinde ein Nomen aus der ersten Kiste mit einem Nomen aus der zweiten Kiste.
Schreibe die zusammengesetzten Nomen mit Artikel ins Heft.
Beispiel: das Übungsheft

~~Übung~~	Mittag
Zeitung	Wohnung
Geburtstag	Leitung
Liebling	Anfang

~~Heft~~	Artikel
Geschenk	Zeit
Pause	Musik
Rohr	Schlüssel

Merke!

In vielen Wörtern wird der **x-Laut** mit **ks** oder **cks** geschrieben.
Schau im Wörterbuch nach, wenn du unsicher bist, wie du ein Wort schreiben musst.
Beispiel: der Keks, der Klecks

Du kannst auch prüfen, ob du ein verwandtes Wort in einer Wortfamilie findest.
Beispiel: der Klecks – kleckern

1. Schreibt weitere Wörter aus der Wortfamilie auf. Schaut im Wörterbuch nach.

der Keks: die Kekssorte, ______________________

links: linksherum, ______________________

____

2. Setze die folgenden Wörter in die Satzlücken ein: **hinterrücks, Klecks, druckst, Knicks, Knacks**.

- Mein Freund wurde ______________ von dem Dieb angegriffen und ausgeraubt.
- Die Hofdame nähert sich der Königin mit einem ______________.
- Durch die Schneelast brachen die Äste mit einem lauten ______________ von den Bäumen ab.
- Die Taube verunreinigte den Balkon mit einem ekligen ______________.
- Lorenz fragt: „Lea, ______________ du die Seite aus?“

3. Trage die folgenden Verben mit ihrer Personalform in die Tabelle ein: **drucken, knicken, knacken, necken, spucken, stricken, nicken, schlucken**.

Infinitiv	2. Person Singular
drucken	du druckst

Infinitiv	2. Person Singular

 Lösungen Seite 81

Merke!

Wörter, die im Wortstamm mit **chs** geschrieben werden, sind **Merkwörter**.
Beispiel: sechs, das Gewächs, der Fuchs, wechseln

1. In der Wörterschlange sind Tiernamen versteckt, die mit **chs** geschrieben werden. Markiere jedes Wort durch einen senkrechten Strich und schreibe die Wörter mit Artikel nach dem Alphabet geordnet auf. Unterstreiche **chs** in jedem Wort.

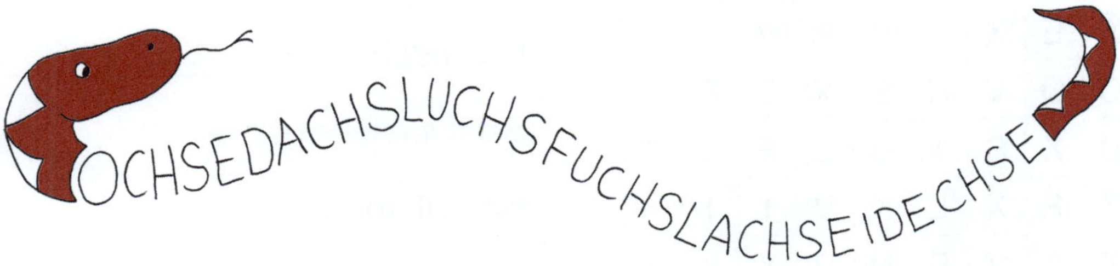

2. Immer vier Wörter gehören zu einer Wortfamilie. Zeichne eine Tabelle und ordne die Wörter ein. Achte dabei auf die jeweilige Wortbedeutung.

~~das Gewächs~~	die Verwechslung	die Wachsfigur	wachsweich
das Wechselgeld	der Nachwuchs	der Erwachsene	kleinwüchsig
die Wachskerze	wechselhaft	der Wechselrahmen	der Wachsmalstift

Wortfamilie: wachsen	Wortfamilie: wechseln	Wortfamilie: das Wachs
das Gewächs		

3. Verbinde ein Nomen aus der ersten Kiste mit einem Nomen aus der zweiten Kiste. Schreibe die zusammengesetzten Nomen mit Artikel ins Heft.

Flachs	Fuchs
Achsen	Ochsen
Büchsen	Lachs

Öffner	Bau
Bruch	Fang
Schwanz	Feld

Merke!

Wenn du ein Wort kennst, das im Wortstamm mit **chs** geschrieben wird, dann werden alle Wörter der Wortfamilie mit **chs** geschrieben.
Beispiel: wachsen – das Gewächs – kleinwüchsig

Lösungen Seite 81

Merke!

Wörter, die im Wortstamm mit **x** geschrieben werden, sind **Merkwörter**. Wenn du ein Wort kennst, das im Wortstamm mit **x** geschrieben wird, dann werden alle Wörter dieser Wortfamilie mit **x** geschrieben.
Beispiel: die He**x**e – he**x**en – verhe**x**t – He**x**enhaus

G	G	J	O	Q	X	N	I	X	E	B	E
B	O	X	E	R	U	W	F	T	E	X	T
T	Ä	Z	Ä	E	X	T	R	E	M	L	Ö
A	S	U	Ö	Q	V	H	E	X	E	E	N
X	W	Q	D	X	S	I	U	L	F	X	R
I	P	J	Z	F	X	L	K	V	I	I	H
D	I	E	X	A	M	E	N	P	X	K	S
Ö	I	R	B	V	B	J	S	G	M	O	L
K	O	K	O	S	M	I	I	C	A	N	U
E	R	U	Y	D	O	H	B	B	X	A	X
X	K	W	Ä	E	X	T	R	A	I	X	U
G	E	X	P	E	R	T	E	B	A	T	S

1. In dem Wortsuchrätsel sind waagerecht und senkrecht 14 Wörter mit **x** versteckt. Kreise sie ein.
2. Schreibe die Wörter neben die Wörtererklärung.

Nachschlagewerk: ______________________

Wortfolge: ______________________

besonders: ______________________

Sachverständiger: ______________________

schnell, rasch: ______________________

äußerst: ______________________

Überfluss: ______________________

Beil: ______________________

böse Frau im Märchen: ______________________

Auto mit Fahrer: ______________________

Freund von Moritz: ______________________

Meerjungfrau: ______________________

Prüfung: ______________________

Kampfsportler, Hunderasse: ______________________

3. Verbinde ein Nomen aus der ersten Kiste mit einem Nomen aus der zweiten Kiste. Schreibe die zusammengesetzten Nomen mit Artikel ins Heft.

Taxi	Hexen
Luxus	Text
Experten	Examen

Haus	Seite
Fahrer	Angst
Meinung	Jacht

4. Z Sucht weitere zusammengesetzte Nomen mit **x** im Wörterbuch und schreibt sie auf.

 Lösungen Seite 81

1. Setze **gs**, **ks**, **cks**, **chs** oder **x** richtig in die Wortlücken ein.
Kontrolliere mit dem Wörterbuch.

- Der Fu_____ tappte blindlin_____ in eine Falle.
- An seinem Geburtstag kam Tim schnurstra_____ aus der Schule nach Hause.
- Die Eide_____e sitzt ganz still in der wärmenden Sonne.
- Mutters selbstgebackene Ke_____e schmecken allen Gästen sehr gut.
- Feli_____ erzählte: „Die laute Musik machte meine Oma fi_____ und fertig."
- Nicht nur Erwa_____ene haben Rechte, sondern auch Kinder.
- Ma_____ liest gern in seinen Asteri_____-Heften.

2. Nummeriere die folgenden Sätze und schreibe sie in der richtigen Reihenfolge auf.
Vergleiche mit dem Text auf Seite 46.

Im Wald der Weihnachtsbäume

- [ ] Nach etwa acht Jahren können wir sie dann | mit der Axt fällen, | um sie zu verkaufen.
- [ ] Die ersten drei Jahre | verbringen die Pflanzen hier | in der Baumschule. | In dieser Zeit wachsen sie | ungefähr 20 Zentimeter.
- [ ] Deshalb sind die Experten täglich unterwegs, | um Unkraut zu zupfen | und den Boden zu rechen und aufzulockern.
- [ ] Der Boden um die Tannen | muss frei von Unkräutern | und anderen Gewächsen gehalten werden, | damit das Wachstum der kleinen Tannen nicht | von ihnen gestört wird.
- [ ] Anschließend werden sie | auf unsere Felder umgepflanzt. | Diese werden ringsum eingezäunt, | damit die Rehe die frischen Triebe | nicht abknabbern können.
- [ ] Dabei müssen sie aufpassen, | dass sie die kleinen Tannenpflanzen | nicht mit dem Unkraut verwechseln.
- [ ] Häufig wird auch die Rinde eingeritzt. | Dadurch werden die Bäume buschiger | und schießen nicht so fix in die Höhe.
- [ ] Wenn die Bäume größer sind, | bekommen sie einen Formschnitt, | damit sie einen gleichmäßigen Wuchs erhalten.

3. Diktiert euch abwechselnd die Sätze aus Aufgabe 2. Kontrolliert dann gegenseitig die Rechtschreibung und berichtigt eure Fehler.

Ärzte haben Schweigepflicht

Wenn **die Größe** eines Problems dich traurig macht, brauchst du vielleicht manchmal Hilfe von anderen Menschen. **Beim Reden** merkst du dann oft schon, dass **das Belastende** an der Sache zu lösen ist. Kennst du jemanden, der **etwas Geheimes** für sich behalten kann?
Einiges Unangenehme möchten viele Menschen auch mit einem Arzt oder einer Ärztin besprechen. **Das Sprechen** über Dinge, die erst einmal niemand erfahren soll, ist bei Ärzten gut aufgehoben. Ärzte dürfen **ihr Wissen** nicht weitererzählen, denn für sie gilt die Schweigepflicht. Sie machen sich strafbar, wenn sie mit anderen Menschen über die Dinge sprechen, die ihnen bei einer Behandlung anvertraut werden. Verstößt ein Arzt gegen die Schweigepflicht, kann ihm **viel Schlimmes** passieren. Das bedeutet, dass er zur Strafe Geld bezahlen muss oder sogar ins Gefängnis kommt.
Es gibt allerdings auch Ausnahmen. Wenn ein Arzt der Meinung ist, dass andere Menschen in Gefahr sind, hat er die Verpflichtung, sie zu schützen und darf seine Schweigepflicht brechen. Wenn ein Patient eine gefährliche oder ansteckende Krankheit hat, muss ein Arzt das dem Gesundheitsamt melden.
Die Schweigepflicht bedeutet **manches Erfreuliche** für dich als Patienten, denn du kannst Ärzten vertrauen.

1. Lest den Text aufmerksam. Was erfahrt ihr über die Schweigepflicht? Sprecht darüber.
2. Die fett gedruckten Wörter im Text sind Verben und Adjektive, die als Nomen gebraucht werden mit ihren Begleitwörtern. Ordne sie richtig ein. R

▶ Adjektive werden zu Nomen: ______________________________

____

____

▶ Verben werden zu Nomen: ______________________________

Merke!

Manchmal werden **Adjektive und Verben als Nomen** gebraucht. Dann werden sie großgeschrieben. Du kannst sie an **Begleitwörtern** erkennen. Begleitwörter sind Artikel, Possessivpronomen und unbestimmte Zahlwörter.
Beispiel: gut – **das G**ute (mit Artikel),
warten – **mein W**arten (mit Possessivpronomen),
wichtig – **etwas W**ichtiges (mit unbestimmtem Zahlwort),
bleiben – **nichts B**leibendes (mit unbestimmtem Zahlwort)

1. Ersetze den Artikel durch eines der folgenden Possessivpronomen:
mein, euer, dein, ihr, sein. R

- Das Warten war nutzlos. Mein Warten war nutzlos.
- Das Schwimmen klappt immer besser. ____________________
- Das Anrempeln wirkte sehr unangenehm. ____________________
- Das Lachen ist ansteckend. ____________________
- Das Kreischen ist zu laut. ____________________

2. Setze die Wörter in den Klammern als Nomen in die Satzlücken.
Achte auf die Begleitwörter und unterstreiche sie. R

- Im Supermarkt gab es viel Preiswertes (preiswert) im Angebot.
- Das __________ (betreten) der Baustelle ist für Kinder nicht erlaubt.
- Das __________ (auftreten) des Clowns brachte genug __________ (lustig) bei der Feier.
- Der Streik bei den Fluglotsen ließ uns nichts __________ (gut) erwarten.
- Über den schweren Unfall stand heute etwas __________ (neu) in der Zeitung.

3. Z Schreibt Sätze mit folgenden Zusammensetzungen. R

- Heute – viel – neu, aufregend, spannend

Heute erfahren wir viel Neues, Aufregendes und Spannendes in der Schule.

- In dem Geschäft – wenig – gut, schön, hübsch

____

- In der Nachrichtensendung – manches – traurig, schlimm, ernst

____

Merke!

Vor einem Nomen verschmelzen manchmal die Präpositionen und der Artikel. Nach diesen Begleitwörtern schreiben wir immer groß.
Beispiel: zu dem → zum, auf das → aufs,
von dem → vom, bei dem → beim

1. Setze die folgenden Wörter in die Satzlücken ein: **rechnen, backen, segeln, einkaufen**.

- Zum Rechnen hat Lorenz immer Lust. Er möchte gut rechnen können.
- Eva und Ben ______________ heute Brot. Sie haben Freude am ______________.
- Laura freut sich sehr aufs ______________. Sie geht morgen mit ihrer Klasse auf dem See ______________.
- Tim geht heute ______________. Beim ______________ trifft er Lea.

2. Schreibe den Text auf und entscheide bei den gekennzeichneten Verben und Adjektiven, ob sie groß- oder kleingeschrieben werden müssen. Kontrolliere mit dem Text auf Seite 52.

Ärzte haben Schweigepflicht

Wenn die Größe eines Problems dich (t)raurig macht, brauchst du vielleicht manchmal Hilfe von anderen Menschen. Beim (r)eden merkst du dann oft schon, dass das (b)elastende an der Sache zu (l)ösen ist. Kennst du jemanden, der etwas (g)eheimes für sich behalten kann?
Einiges (u)nangenehme möchten viele Menschen auch mit einem Arzt oder einer Ärztin besprechen. Das (s)prechen über Dinge, die erst einmal niemand erfahren soll, ist bei Ärzten gut aufgehoben. Ärzte dürfen ihr (w)issen nicht weitererzählen, denn für sie gilt die Schweigepflicht. Sie machen sich strafbar, wenn sie mit anderen Menschen über die Dinge (s)prechen, die ihnen bei einer Behandlung anvertraut werden. Verstößt ein Arzt gegen die Schweigepflicht, kann ihm viel (s)chlimmes passieren. Das bedeutet, dass er zur Strafe Geld bezahlen muss oder sogar ins Gefängnis kommt. Es gibt allerdings auch Ausnahmen. Wenn ein Arzt der Meinung ist, dass andere Menschen in Gefahr sind, hat er die Verpflichtung, sie zu schützen und darf seine Schweigepflicht brechen. Wenn ein Patient eine (g)efährliche oder (a)nsteckende Krankheit hat, muss ein Arzt das dem Gesundheitsamt melden.
Die Schweigepflicht bedeutet auch manches (e)rfreuliche für dich als Patienten, denn du kannst Ärzten (v)ertrauen.

Lösungen Seite 82

Patrick lebt mit einer Behinderung

Patrick ist neu in der Klasse. Er berichtet seinen Mitschülern von seinem Leben mit einer Behinderung. Man sagt auch Handicap zu einer Behinderung. Er erzählt aus seinem Alltag: „Ich bin 16 Jahre alt. Ich habe viele Freunde und Freundinnen. In meiner **Freizeit** spiele ich gerne **Fußball** und **Tischtennis**. Ich gehe einkaufen und hole Gemüse vom Markt. Ich helfe meiner Mutter in der Küche und decke den Tisch."
Patrick hat das Downsyndrom. Er erklärt seinen Mitschülern, wie die Behinderung entstanden ist. „Jeder Körper besteht aus vielen Zellen. Diese sind so winzig klein, dass man sie nicht sehen kann. In diesen Zellen sind die noch kleineren Chromosomen, die fast alles in unserem Körper bestimmen, zum Beispiel meine **Haarfarbe**, meine **Körpergröße** oder ob ich **Sommersprossen** bekomme. Die Chromosomen bestimmen auch, wie schnell ich etwas lernen und mir merken kann. Die meisten Menschen haben in jeder **Körperzelle** 46 Chromosomen. Ich habe aber 47 Chromosomen, also ein Chromosom mehr. Deshalb sehe ich vielleicht etwas anders aus und lerne manche Dinge nicht so schnell. Ich gehe zur **Sprachtherapie**, um besser sprechen zu lernen. Bei **Mathematikaufgaben** habe ich Probleme und mit Geld zu rechnen, das fällt mir schwer. Lesen, schreiben und viele andere Dinge habe ich aber gelernt. Viele Kinder mit einem Downsyndrom haben einen **Herzfehler**. Auch ich kam mit einem Herzfehler zur Welt. Als ich zwei Jahre alt war, konnte ich in der **Uniklinik** operiert werden. Heute bin ich ganz gesund und kann Sport treiben. Ich bin **Radfahrer**, Schwimmer und **Basketballspieler**."

1. Lest den Text. Was berichtet Patrick? Sprecht darüber.

2. Kennst ihr jemanden, der eine Behinderung hat? Erzählt.

3. Schreibe die fett gedruckten Wörter aus dem Text mit Artikel auf und trenne sie in Silben.

die Frei-zeit, ______________________

____

____

____

____

4. Z Schreibt weitere Wörter mit mehr als drei Silben auf und trennt sie in Silben. Das Wörterbuch kann euch helfen.

Lösungen Seite 82

Merke!

Manchmal muss man am Ende einer Zeile ein Wort trennen.
Die **Worttrennung** geschieht meistens nach **Sprechsilben**.
Lies das Wort, das du trennen willst, langsam und deutlich, damit du erkennst, wo eine Silbe aufhört und die andere anfängt.
Wörter, die nur aus einer Silbe bestehen, können nicht getrennt werden.
Beispiel: das Nest, das Feld

1. Trenne die Tiernamen in Silben. Zeichne eine Tabelle und ordne die Wörter ein.

~~die Wespe~~	der Papagei	die Schlange	der Pinguin
das Krokodil	die Ziege	der Tiger	die Amsel
der Schmetterling	die Giraffe	die Taube	der Affe
der Gorilla	die Katze	das Eichhörnchen	die Hornisse

Tiernamen mit zwei Silben	Tiernamen mit drei Silben
die Wes-pe	

2. Bilde aus der Beschreibung ein zusammengesetztes Wort.
Trenne das zusammengesetzte Wort in Silben.

Beschreibung	Zusammengesetztes Wort	Trennung nach Silben
der Tropfen aus Fett	der Fetttropfen	der Fett-trop-fen
die Schale der Nuss		
die Nummer mit Gewinn		
das Tuch für das Bett		

3. Ordne die folgenden zusammengesetzten Wörter nach dem Alphabet und trenne sie in Silben: **die Flussschifffahrt, das Pappplakat, das Wettturnen, die Sauerstoffflasche, der Rollladen, die Kennnummer, die Brennnessel, das Teeei, die Kaffeeernte, der Schwimmmeister.**

Merke!

Wenn Wörter zusammengesetzt werden, treffen manchmal drei gleiche Buchstaben aufeinander. Der letzte der drei gleichen Buchstaben wird dann abgetrennt. **Beispiel:** die Schiff-fahrt, die Tee-ern-te

Merke!

Bei der Worttrennung in Sprechsilben gibt es **Ausnahmen**. Einzelne Vokale (a, e, i, o, u), die am Anfang oder am Ende eines Wortes stehen, dürfen nicht abgetrennt werden.
Beispiel: der Ele-fant, die Amei-se, das Ra-dio

Im Wortinnern darf dagegen ein einzelner Vokal abgetrennt werden.
Beispiel: das The-a-ter, die Vi-o-li-ne, die Ru-i-ne

Die Doppellaute (ei, au, äu, eu), die am Anfang eines Wortes stehen, werden als Silbe abgetrennt.
Beispiel: der Ei-mer, das Au-to, das Äu-ge-lein, die Eu-le

1. Trenne die folgenden Wörter in Silben. Kreise die Wörter ein, die du nicht trennen kannst.

das Abenteuer	das Aben-teu-er	die Ruine	________
die Ameise	________	der Esel	________
die Ananas	________	der Abend	________
die Violine	________	die Theorie	________
der Igel	________	das Radio	________
das Ufer	________	die Familie	________
die Treue	________	das Theater	________

2. Trenne die folgenden Wörter in Silben. Aufgepasst! Doppellaute am Anfang eines Wortes werden als Silbe abgetrennt.

die Eule	________	die Eisenbahn	________
das Auto	________	der Augenblick	________
der Eimer	________	der Eurotunnel	________
äußerlich	________	Europa	________
der August	________	der Automat	________
das Euter	________	das Auge	________

Lösungen Seite 82

Merke!

Zwischen den doppelten Vokalen **aa, ee, oo, ei, ai, au, äu, eu, ie** wird nicht getrennt.
Beispiel: ein-ei-ig, die Staa-ten, die Bee-re, die Boo-te, der Kai-ser, die Rei-se, die Tau-be, der Räu-ber, das Feu-er, der Stie-fel

Folgende Konsonanten, die für einen Laut stehen, dürfen nicht getrennt werden: **ch, ck, sch, th.**
Beispiel: spre-chen, der Dru-cker, die Du-sche, Ma-the-ma-tik

1. Die folgenden Wörter sind rückwärts geschrieben. Schreibe die Wörter mit Artikel richtig auf und trenne sie in Silben.

EGAAWNEHCÜK	die Küchenwaage	die Kü-chen-waa-ge
EGATNEHCOW	____________	____________
EKCEDLLOW	____________	____________
EKEHTOPA	____________	____________
ESODREKCUZ	____________	____________

2. Lass dir von deinem Partner die fehlenden Wörter diktieren. Sie stehen im Text auf Seite 55. Kontrolliert gegenseitig die Rechtschreibung und berichtigt eure Fehler.

Patrick lebt mit einer Behinderung

Patrick hat das Downsyndrom. Er ____________ seinen ____________, wie die Behinderung entstanden ist. „Jeder ____________ besteht aus vielen ____________. Diese sind so ____________ klein, dass man sie nicht ____________ kann. In diesen Zellen sind die noch kleineren ____________, die fast alles in unserem Körper ____________, zum ____________ meine ____________, meine ____________ oder ob ich ____________ bekomme. Die Chromosomen bestimmen auch, wie ____________ ich etwas ____________ und mir ____________ kann. Die meisten ____________ haben in jeder ____________ 46 Chromosomen. Ich habe aber 47 Chromosomen, also ein Chromosom ____________. Deshalb sehe ich ____________ etwas anders aus und ____________ manche Dinge nicht so ____________."

Wie heißt der größte Papagei?

„Der größte Papagei ist der Hellrote Ara“, behauptet Max. „Er hat eine Flügelspannweite von fast einem Meter“, fügt er hinzu. „Wisst ihr noch mehr über den Hellroten Ara?“, fragt der Lehrer. „Ja“, ruft Max, „der Ara lebt in den Regenwäldern von Mittel- und Südamerika!“ „Nun lass auch einmal andere Mitschüler reden!“, fordert der Lehrer Max auf. „Entschuldigung“, ruft Max, „ich möchte nur noch sagen, dass ‚Hellroter Ara‘ ein Eigenname ist und deshalb großgeschrieben werden muss!“ „Ich habe gelesen“, erzählt Anne, „dass der Ara gesellig in Gruppen lebt.“ „Bei Sonnenaufgang“, berichtet sie weiter, „verlässt die ganze Gruppe laut krächzend das Nachtlager und fliegt auf Futtersuche.“ Erik fragt: „Was fressen denn die Aras?“ Anne erklärt: „Sie fressen Nüsse, Beeren, Samen, Früchte und auch Blüten.“ „Wie sehen denn die Aras aus?“, will Finn wissen. „Bei den Federn überwiegt das Scharlachrot“, beschreibt nun der Lehrer den leuchtend bunten Ara. „Die Flügeldecken sind sonnengelb, die Flügelfedern dunkelblau und die langen Schwanzfedern leuchten wieder scharlachrot“, fügt er hinzu. „Im Internet“, ruft Lea nun, „könnt ihr Fotos vom Hellroten Ara finden!“

1. Lest den Text aufmerksam. Was erfahrt ihr über den Hellroten Ara? Erzählt.
2. Z Sammelt weitere Informationen über den Hellroten Ara und gestaltet ein Plakat.
3. Unterstreiche im Text die wörtliche Rede rot und den Redebegleitsatz blau. Beachte, dass der Redebegleitsatz vor, hinter oder zwischen der wörtlichen Rede stehen kann.
4. Ordne jedem Redebegleitsatz eine wörtliche Rede zu. Schreibe dann den vorangestellten Redebegleitsatz mit der wörtlichen Rede auf. Achte dabei auf die richtigen Satzzeichen.

1	Eva behauptet	☐	Mein Freund kommt nie pünktlich zum Fußballtraining
2	Finn stimmt ihr zu	☐	Mein Meerschweinchen ist gestorben
3	Mia schluchzt	1	Der Apfel fällt nicht weit vom Stamm
4	Hannes schimpft	☐	Das Sprichwort kenne ich

Merke!

Die **wörtliche Rede** wird in Anführungszeichen eingeschlossen. Steht der Redebegleitsatz **vor** der wörtlichen Rede, so endet er mit einem Doppelpunkt. Die wörtliche Rede beginnt mit einem Großbuchstaben.

Beispiel: Trolli erklärt: „Ich mag Papageien.“

 Lösungen Seite 83

Merke!

Wenn der Redebegleitsatz **nachgestellt** ist, endet die wörtliche Rede immer mit einem Fragezeichen oder einem Ausrufezeichen. Der Punkt beim Aussagesatz fällt dann weg. Der nachgestellte Redebegleitsatz beginnt mit einem Kleinbuchstaben. Bei der wörtlichen Rede steht immer ein Komma hinter dem Anführungszeichen oben.

Beispiel: „Ich finde den Hellroten Ara wunderschön", erklärt Trolli.
„Wie sieht denn der Hellrote Ara aus?", fragt Laura.
„Im Internet kannst du Fotos vom Hellroten Ara finden!", ruft Ben.

1. Unterstreiche in den folgenden Sätzen die wörtliche Rede rot und den Redebegleitsatz blau. Setze dann die fehlenden Satzzeichen.

- ___ Wie viele Kilometer sind es von Hamburg bis München ___ will Aishe wissen ___
- ___ Warum willst du das wissen ___ fragt ihr Vater ___
- ___ Decke bitte morgen den Frühstückstisch ___ bittet Mutter ihre Tochter Lara ___
- ___ Weckst du mich dann rechtzeitig ___ fragt Lara ihre Mutter ___
- ___ Da ist eine dicke Spinne in der Dusche ___ schreit Marie ganz erschrocken ___
- ___ Keine Angst, sie wird dich bestimmt nicht beißen ___ ruft ihr Bruder lachend ___
- ___ Es gibt tatsächlich Spinnen, die beißen können ___ erklärt ihr Vater ___
- ___ Ich glaube, da hat sich jemand einen Scherz erlaubt ___ meint Mutter lächelnd ___

2. Stelle bei den Sätzen von Aufgabe 1 den Redebegleitsatz vor die wörtliche Rede. Achte auf die Satzzeichen.

3. Z Bei den Satzmustern steht der Redebegleitsatz nach der wörtlichen Rede. Denkt euch zu jedem Satzmuster einen Satz aus.

Aussagesatz:
„_ _ _ _ _ _ _ _ _", ________________.

Fragesatz:
„_ _ _ _ _ _ _ _ _?", ________________.

Ausrufesatz:
„_ _ _ _ _ _ _ _ _!", ________________.

Aufforderungssatz:
„_ _ _ _ _ _ _ _ _!", ________________.

Zeichensetzung bei der wörtlichen Rede

Merke!

Der **Redebegleitsatz** kann auch **zwischen** der wörtlichen Rede stehen.
Dann wird der Redebegleitsatz durch Kommas eingeschlossen.
Am Ende der wörtlichen Rede steht das Satzschlusszeichen.
Beispiel: „Der Hellrote Ara“, erzählt Anne, „ist der größte Papagei.“
„Welche Nahrung“, will Erik wissen, „steht auf dem Speisezettel des Ara?“
„Beschreibe doch einmal“, bittet Lea, „wie der Hellrote Ara aussieht!“

1. Unterstreiche in den folgenden Sätzen die wörtliche Rede rot und den Redebegleitsatz blau. Setze dann die fehlenden Satzzeichen.

- ___ Endlich sind Ferien ___ sagt Pablo ___ da können wir gleich heute ins Schwimmbad fahren ___
- ___ Wie willst du denn mit deinem kaputten Fahrrad ___ fragt seine Schwester Mia ___ ins Schwimmbad kommen ___
- ___ Ich bezweifele ___ schmunzelt Mia ___ dass du die Reparatur heute noch schaffst ___
- ___ Dann sei so gut ___ bittet Pablo ___ und hilf mir, den Schlauch zu flicken ___
- ___ Ich bin einverstanden ___ ruft Mia ___ wenn du mich morgen zu einem Eisbecher in die Eisdiele einlädst ___

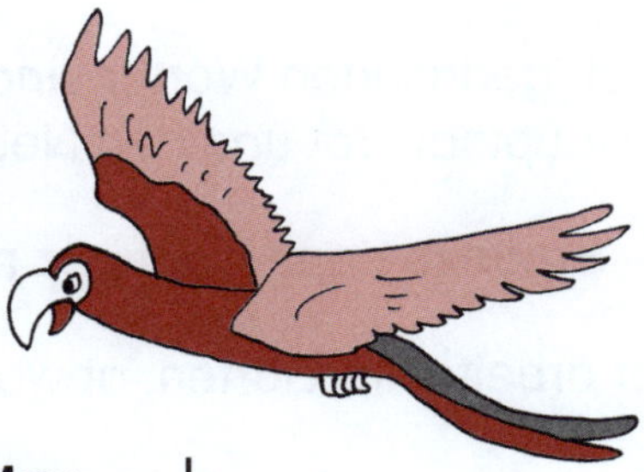

2. Setze die fehlenden Satzzeichen.
Vergleiche mit dem Text auf Seite 59.

Wie heißt der größte Papagei?

- ___ Der größte Papagei | ist der Hellrote Ara ___ | behauptet Max ___ |
- ___ Er hat eine Flügelspannweite | von fast einem Meter ___ | fügt er hinzu ___ |
- ___ Wisst ihr noch mehr über den Hellroten Ara ___ | fragt der Lehrer ___ |
- ___ Ja ___ | ruft Max ___ | der Ara lebt in den Regenwäldern von Mittel- und Südamerika ___ |
- ___ Nun lass auch einmal | andere Mitschüler reden ___ | fordert der Lehrer Max auf ___ |
- ___ Entschuldigung ___ | ruft Max ___ | ich möchte nur noch sagen, | dass ‚Hellroter Ara‘ | ein Eigenname ist | und deshalb großgeschrieben werden muss ___ |

3. Diktiert euch gegenseitig die Sätze von Aufgabe 2 mit der richtigen Zeichensetzung. Kontrolliert die Rechtschreibung und berichtigt eure Fehler.

Der Abriss der Berliner Mauer

Seit 1990 feiern wir in jedem Jahr am 3. Oktober die Wiedervereinigung von Ost- und Westdeutschland. Wenige Monate zuvor begann die Stadt Berlin am 13. Juni 1990 mit dem Abriss der Mauer, **weil** die Mauer den Osten von dem Westen der Stadt trennte. Nach der Wende im November 1989 hatten bereits viele Bürger die ehemalige Grenzanlage an vielen Stellen eingerissen, **sodass** immer mehr Grenzdurchgänge geschaffen wurden. Schließlich erschienen auch an der Bernauer Straße in Berlin Bagger und Baukräne zum offiziellen Abriss der Mauer, **nachdem** die Bürger der Stadt bereits viele Lücken in der Mauer geschaffen hatten. Die Bernauer Straße war ein bekannter Ort, **denn** hier sprangen Menschen 1961 in den Tagen des Mauerbaues aus den Fenstern ihrer Wohnungen in die Freiheit. Die Häuser an der Bernauer Straße gehörten nämlich zu Ostberlin, **während** der Bürgersteig zu Westberlin gehörte. Die Flucht nach Westberlin war allerdings nur für kurze Zeit möglich, **da** die DDR-Regierung die Fenster zumauern und später die Häuser abreißen ließ. Der Abriss der Berliner Mauer dauerte bis zum Ende des Jahres 1990.

1. Lest den Text. Was erfahrt ihr über den Mauerbau? Sprecht darüber.
2. Die fett gedruckten Wörter sind Konjunktionen. Unterstreiche in den Sätzen mit Konjunktionen den Hauptsatz rot und den Nebensatz blau.
3. Ergänze den Hauptsatz mit einem Nebensatz. Unterstreiche die Konjunktion.

- Vater arbeitet im Garten, obwohl …
- Mutter bringt ihr Auto in die Autowerkstatt, weil …
- Heute Abend gieße ich die Blumen im Garten, damit …

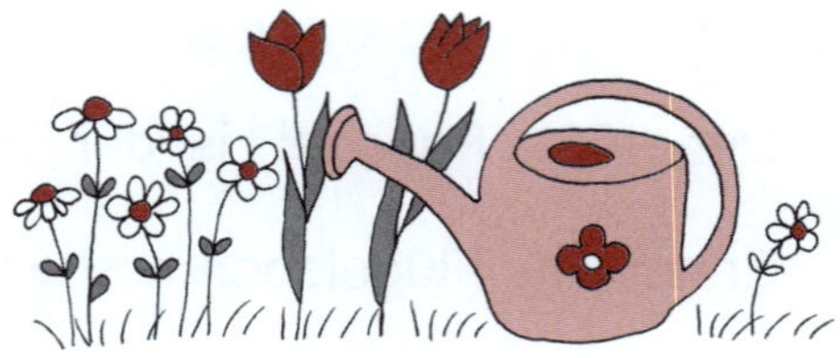

Merke!

Ein Satz aus Haupt- und Nebensatz heißt **Satzgefüge**. Der **Hauptsatz** kann für sich alleine stehen. Er hängt von keinem anderen Satz ab. Im Hauptsatz steht die **Personalform des Verbs** immer an der zweiten Stelle.
Beispiel: Mutter liest ein Buch.

Der **Nebensatz** kann nicht alleine stehen. Er ist von einem Hauptsatz abhängig. Die Personalform des Verbs steht im Nebensatz am Ende.
Beispiel: … obwohl sie keine Zeit hat.

Eine **Konjunktion** leitet den Nebensatz ein und verbindet ihn mit dem Hauptsatz. **Vor der Konjunktion steht ein Komma.**
Beispiel: Mutter liest ein Buch, obwohl sie keine Zeit hat.

 Lösungen Seite 84

1. Verbinde den Hauptsatz 1 und den Hauptsatz 2 in der Tabelle mit einer sinnvollen Konjunktion, sodass ein Satzgefüge entsteht. Achte auf das Komma vor der Konjunktion.
Beispiel: Die Katze klettert auf den Baum. Sie wird von einem Hund verfolgt.
Die Katze klettert auf den Baum, weil sie von einem Hund verfolgt wird.

Hauptsatz 1	Konjunktionen	Hauptsatz 2
Die Zugvögel kehren aus ihren Winterquartieren zurück.	als da damit danach dass denn falls nachdem obwohl sodass während weil wenn	Der Frühling kommt.
Abends liest Mutter die Zeitung.		Vater arbeitet am Computer.
Die Eltern planen mit ihren Kindern gemeinsam eine Urlaubsreise.		Schließlich sind alle zufrieden.
Laura geht in die Schule.		Sie hat starke Kopfschmerzen.
Pablo erledigt rasch seine Hausaufgaben für die Schule.		Er kann am Abend eine Fahrradtour machen.

2. Trage eine sinnvolle Konjunktion in die Satzgefüge ein.
Kontrolliere mit dem Text auf Seite 62.

Der Abriss der Berliner Mauer

Am 13. Juni begann die Stadt Berlin | mit dem Abriss der Mauer, | __________ die Mauer den Osten der Stadt | von dem Westen trennte. | Nach der Wende | im November 1989 | hatten bereits viele Bürger | die ehemalige Grenzanlage | an vielen Stellen eingerissen, | __________ immer mehr Grenzdurchgänge | geschaffen wurden. | Schließlich erschienen auch | an der Bernauer Straße in Berlin | Bagger und Baukräne | zum offiziellen Abriss der Mauer, | __________ die Bürger der Stadt | bereits viele Lücken | in der Mauer geschaffen hatten. | Die Bernauer Straße war ein bekannter Ort, | __________ hier sprangen Menschen 1961 | in den Tagen des Mauerbaues | aus den Fenstern ihrer Wohnungen | in die Freiheit. | Die Häuser an der Bernauer Straße | gehörten nämlich zu Ostberlin, | __________ der Bürgersteig | zu Westberlin gehörte. | Die Flucht nach Westberlin | war allerdings nur für kurze Zeit möglich, | __________ die DDR-Regierung | die Fenster zumauern | und später die Häuser abreißen ließ.

3. Lass dir von einem Partner den Text diktieren. Kontrolliert gegenseitig die Rechtschreibung und berichtigt eure Fehler.

Wer kennt Gurkenflieger?

Zurzeit sind die Gurkenflieger wieder unterwegs, aber du findest auf ihnen keine Piloten. Sie sind auch nicht an einem Flughafen, sondern sie befinden sich auf einem Gurkenfeld. Die Gurkenflieger sind Traktoren und sie sehen wie Flieger aus. Diese Traktoren haben nämlich auf beiden Seiten lange Flächen und fahren mit ihren ausgestreckten Seitenflächen sehr langsam über das Gurkenfeld.
Diese Traktoren werden Gurkenflieger genannt oder man bezeichnet sie als Erntegerät. Die Flächen an den Seiten sehen wie die Flügel eines Flugzeugs aus, und zwar liegen auf jedem der beiden Flügel mehrere Menschen auf dem Bauch. Sie sammeln mit ihren Händen im Vorbeifahren die saftigen Gurken ein, aber das ist gar nicht gemütlich. Diese Arbeit im Liegen ist nämlich sehr anstrengend und der Rücken schmerzt heftig.
Im Bundesland Brandenburg liegt der Spreewald und im Juni hat hier die Erntezeit für die Gurken begonnen. Diese Gegend ist für die Spreewälder Gurken bekannt und du kannst dort in dieser Zeit die Gurkenflieger beobachten. Vielleicht verbringst du einmal mit deiner Familie den Urlaub im Spreewald oder du fährst in den Ferien mit einigen Freunden auf dem Fahrrad durch das Gurkenanbaugebiet des Spreewaldes.

1. Lest den Text. Was erfahrt ihr über die Gurkenflieger? Sprecht darüber.

2. Z Sammelt weitere Informationen über die Ernte der Gurken im Spreewald und gestaltet ein Plakat.

3. Welche Konjunktionen findest du im Text? Unterstreiche sie. R

4. Schreibe die Sätze mit den Konjunktionen **und** und **oder** auf. Aufgepasst: Vor den Konjunktionen **und** und **oder** steht in den Satzreihen kein Komma. R

Merke!

Zwei Hauptsätze können durch Konjunktionen aneinandergereiht werden. Nur vor den Konjunktionen **und** und **oder** steht kein Komma.

Beispiel: Im Frühling blühen die Blumen im Garten **und** die Bäume bekommen grüne Blätter.

Heute Nachmittag besuche ich meinen Freund **oder** ich begleite meine Oma zum Einkaufen.

Vor der Konjunktion **und zwar** muss aber ein Komma stehen.

Beispiel: In den Ferien verreisen wir nach Norddeutschland, **und zwar** verleben wir unseren Urlaub auf der Insel Norderney.

Zeichensetzung bei Aufzählungen von Satzreihen

Lösungen Seite 84

Merke!

Wenn **mehrere Hauptsätze** aneinandergereiht werden, steht zwischen jedem Hauptsatz ein Komma und nur der letzte Hauptsatz wird mit **und** oder **oder** angefügt. Vor **und** oder **oder** steht dann kein Komma.

Beispiel: Der Frühling beginnt, die Zugvögel kehren zurück **und** im Garten blühen die Osterglocken.

Auf unserer Fahrradtour übernachten wir in einer Jugendherberge, wir suchen uns eine Privatunterkunft **oder** wir schlafen in unserem Zelt.

1. Reihe die Hauptsätze durch ein Komma aneinander und binde nur den letzten Hauptsatz mit **und** oder **oder** an die Satzreihe.

- Bei dem Gewitter schlug der Blitz mehrmals ein. Die Regengüsse ließen die Keller voller Wasser laufen. Die Sturmböen rissen unzählige Bäume aus der Erde.
- Im Sommer herrscht oft eine Gluthitze. Die Sonne brennt. Kein Lüftchen regt sich. Auf den Feldern verdorrt das Getreide.
- Im Bundesland Brandenburg liegt der Spreewald. Die Spreewaldgurken werden hier geerntet. Du kannst während der Erntezeit dort die Gurkenflieger beobachten.
- Im Sommer schwimmen wir gern in einem Waldsee. Wir pflücken am Wegrand kleine Walderdbeeren. Wir liegen in der Sonne auf der Wiese.
- Heute findet das Endspiel der Europameisterschaft in Paris statt. Die Nationalhymnen erklingen. Die Mannschaften verteilen sich auf dem Fußballplatz. Das Spiel beginnt.

2. Setze in dem folgenden Text die fehlenden Kommas ein.
Kontrolliere mit dem Text auf Seite 64.

Wer kennt Gurkenflieger?

DIE GURKENFLIEGER SIND TRAKTOREN UND SIE SEHEN WIE FLIEGER AUS. DIESE TRAKTOREN HABEN NÄMLICH AUF BEIDEN SEITEN LANGE FLÄCHEN UND FAHREN MIT IHREN AUSGESTRECKTEN SEITENFLÄCHEN SEHR LANGSAM ÜBER DAS GURKENFELD. DIESE TRAKTOREN WERDEN GURKENFLIEGER GENANNT ODER MAN BEZEICHNET SIE ALS ERNTEGERÄT. DIE FLÄCHEN AN DEN SEITEN SEHEN WIE DIE FLÜGEL EINES FLUGZEUGS AUS UND ZWAR LIEGEN AUF JEDEM DER BEIDEN FLÜGEL MEHRERE MENSCHEN AUF DEM BAUCH. SIE SAMMELN MIT IHREN HÄNDEN IM VORBEIFAHREN DIE SAFTIGEN GURKEN EIN ABER DAS IST GAR NICHT GEMÜTLICH. DIESE ARBEIT IM LIEGEN IST NÄMLICH SEHR ANSTRENGEND.

3. Schreibe den Text richtig auf. Achte auf die Großschreibung der Nomen.
Kontrolliere mit dem Text auf Seite 64.

Sind alle Meerschweinchen zutraulich?

Im Unterricht erzählt Mirco von seinem Haustier, einem Meerschweinchen. Er berichtet: „Es gibt auch wild lebende Verwandte, zum Beispiel in Südamerika. Im Gegensatz zu unseren zutraulichen Haustieren sind die Wildmeerschweinchen ausgesprochen scheu." Buruk ergänzt: „Diese **scheuen, unnahbaren, vorsichtigen und aufmerksamen** Nagetiere haben nämlich viele Feinde. Zu ihren Feinden zählen **Katzen, Echsen, Schlangen und Greifvögel**, die Meerschweinchen als Leckerbissen jagen." Der Lehrer erklärt: „Die **kleinen, nur 20 Zentimeter langen** Wildmeerschweinchen können sich aber gut schützen, weil sie hervorragend **hören, riechen und spüren**. Beim **leisesten Geräusch, beim Geruch einer Wildkatze oder dem Nahen eines Greifvogels** flitzen sie in ihre unterirdischen Verstecke. Bei großer Gefahr springen sie sogar hoch in die Luft, um dem Feind zu entkommen." „Die Wildmeerschweinchen fressen **Gräser, Samen, Baumrinde und Früchte**", weiß Mircos Freund Buruk. Mirco berichtet: „Ich füttere mein Meerschweinchen mit **Heu, frischem Gras, Blättern, kleinen Zweigen, Löwenzahn, Salat, Kräutern und Gemüse**."

1. Lest den Text aufmerksam. Was frisst das Wildmeerschweinchen und welche Nahrung bekommt das Haustier? Erzählt.

2. Z Sammelt weitere Informationen über Meerschweinchen und gestaltet ein Plakat.

3. Im Text sind die Aufzählungen von Satzgliedern fett gedruckt. Ordne die Sätze nach der Art der aufgezählten Satzglieder. R

- Aufzählung von Subjekten (ein Satz)
- Aufzählung von Prädikaten (ein Satz)
- Aufzählung von Attributen (zwei Sätze)
- Aufzählung von Objekten im Dativ (zwei Sätze)
- Aufzählung von Objekten im Akkusativ (ein Satz)

Merke!

Wenn Satzglieder aneinandergereiht werden, entsteht eine **Aufzählung**. Satzglieder sind **Subjekt**, **Prädikat**, **Objekt**, **Attribut oder adverbiale Bestimmungen**. **Zwischen den aufgezählten Satzgliedern steht ein Komma**, wenn sie nicht durch **und** oder **oder** aneinandergereiht sind. Vor **und** und **oder** steht kein Komma.
Beispiel (Aufzählung von Prädikaten):
Die Fans im Stadion pfeifen, singen, klatschen **und** jubeln.

 Lösungen Seite 85

1. Trage in den Sätzen die fehlenden Kommas mit einem Rotstift ein.

▶ **Aufzählung von Subjekten**
In der Spülmaschine stehen Teller Tassen Schüsseln und Gläser.

▶ **Aufzählung von Prädikaten**
Im Garten gibt es viel Arbeit. Vater gräbt jätet hackt sät und pflanzt.

▶ **Aufzählung von Objekten im Akkusativ**
Anne kauft im Supermarkt ein. Sie kauft Brot Butter Käse Gemüse und Obst.

▶ **Aufzählung von Objekten im Dativ**
Linus begegnet in der Stadt seinem besten Freund seiner Lehrerin seinem Bruder seiner Tante und einem Nachbarn.

▶ **Aufzählung von Attributen**
Bei Regen spannen die Menschen ihre Regenschirme auf. Da sehen wir auf der Straße bunte einfarbige gestreifte gepunktete und selbstbemalte Regenschirme.

▶ **Aufzählung von adverbialen Bestimmungen des Ortes**
Während des Festzugs drängten sich die Menschen an den Fenstern auf den Balkonen in den Hauseingängen am Straßenrand auf Bäumen und auf Zäunen.

2. Z Schreibe zu jeder Aufzählung der oben aufgeführten Satzglieder selbst einen Satz.

3. In den folgenden Sätzen werden die Konjunktionen **und** oder **oder** zu oft gebraucht. Ändere die Sätze so, dass du für die Konjunktionen Kommas einsetzt und nur das letzte Satzglied mit **und** oder **oder** anreihst.

Beispiel: **Im Herbst fliegen die Störche und die Stare und die Schwalben und die Drosseln und die Kuckucke in wärmere Länder.**
Im Herbst fliegen die Störche, die Stare, die Schwalben, die Drosseln und die Kuckucke in wärmere Länder.

▶ Der Sturm tobt und heult und jault und pfeift und jammert über dem Meer.

▶ Das Toben und Heulen und Jaulen und Pfeifen und Jammern will kein Ende nehmen.

▶ Im Internet findet Mara interessante und nutzlose und falsche und schnelle und verwirrende Informationen.

▶ Während des Platzregens suchen die Menschen Schutz in Geschäften oder in Hauseingängen oder in einem Café oder unter einem Dach oder unter einer Unterführung.

▶ Bei unserem Ausflug in den Wald fanden wir Pilze und Walderdbeeren und Himbeeren und Brombeeren.

▶ Wir fragen den Förster: „Führen Sie uns durch einen Nadelwald oder Laubwald oder einen Mischwald?“

 Lösungen Seite 86

1. Reihe die aufgezählten Satzglieder mit Kommas aneinander und füge nur das letzte Satzglied mit **und** an.

- Das Great Barrier Reef wurde 1770 vom britischen Seefahrer James Cook entdeckt. Es liegt im Südpazifik nordöstlich von Australien an der Küste des Bundesstaates Queensland.
- Das Great Barrier Reef gilt als das größte schönste artenreichste Korallenriff der Welt.
- Es besteht aus unzähligen Riffen Sandbänken Inseln.
- Es verändert ständig seine Form Größe Länge Breite.
- Verschiedenste Algenarten Korallenarten Schwammarten Fischarten leben in diesem Lebensraum.
- Wissenschaftler entwickeln Pläne, die in Zukunft das Leben im Korallenriff schützen erhalten bewahren sollen.

2. Schreibe die Sätze auf. Achte dabei auf Groß- und Kleinschreibung. Ändere die Aneinanderreihung der Satzglieder so, dass du für **und** oder **oder** ein Komma setzt und nur das letzte **und** oder **oder** stehen lässt. Vergleiche deine Rechtschreibung mit dem Text auf Seite 66 und berichtige deine Fehler.

Sind alle meerschweinchen zutraulich?

- Die scheuen und unnahbaren und vorsichtigen und aufmerksamen wildmeerschweinchen haben viele feinde.
- Zu ihren feinden zählen katzen und echsen und schlangen und greifvögel, die nagetiere als leckerbissen jagen.
- Die kleinen, nur 20 zentimeter langen wildmeerschweinchen können sich aber gut schützen, weil sie hervorragend hören und riechen und spüren.
- Beim leisesten geräusch oder beim geruch einer wildkatze oder dem nahen eines greifvogels flitzen sie in ihre unterirdischen verstecke.
- Bei großer gefahr springen sie sogar hoch in die luft, um dem feind zu entkommen.
- Die wildmeerschweinchen fressen gräser und samen und baumrinde und früchte.
- Mirco füttert sein meerschweinchen mit heu und frischem gras und blättern und kleinen zweigen und löwenzahn und salat und kräutern und gemüse.

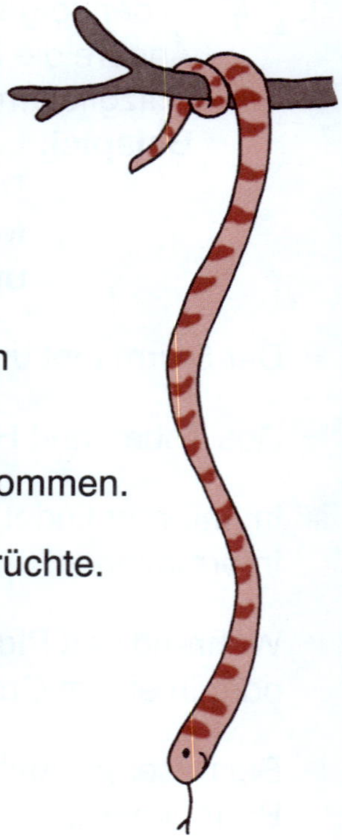

3. Lass dir die abgeschriebenen Sätze von einem Partner diktieren. Kontrolliert gegenseitig die Rechtschreibung und berichtigt eure Fehler.

 Lösungen Seite 86

Rettung der Feldhamster

Der Feldhamster ist ein wild lebendes Tier, das fast ausgestorben ist. In einer biologischen Station wurde jetzt entschieden, dass 120 Tiere im Frühjahr ausgewildert werden sollen. Ziel ist es, dass die kleinen Nagetiere sich wieder in der freien Natur vermehren. Einige Bauern stellen Teile ihres Landes zur Verfügung, das nicht angebaut und abgeerntet wird. Die dadurch wild wachsenden Pflanzen sorgen dafür, dass die Feldhamster genügend Futter und Deckung vor Fressfeinden haben. Die Experten wollen aber auch sehen, dass sich die Tiere gut entwickeln. Jedes Tier, das in die Freiheit entlassen wird, bekommt einen Chip oder einen Sender.

1. Lest den Text. Was erfahrt ihr über die Rettung der Feldhamster. Erzählt.

2. Unterstreiche in dem Text die Nebensätze nach dem Komma, die mit dem Relativpronomen **das** beginnen.

3. Schreibe die unterstrichenen Satzgefüge so auf, wie das Beispiel zeigt. Zeichne von dem Satzteil, auf den sich der Relativsatz bezieht, einen Pfeil zum Relativpronomen.
Beispiel: Hauptsatz: Das ist das Tier,

Relativsatz: das ich füttern möchte.

4. Setzt das Relativpronomen **das** in die folgenden Sätze ein und vervollständigt sie.

- Das Auto, das vor unserem Haus steht, ______________________
- Das Buch, ______ du mir geliehen hattest, ______________________
- Das Quiz, ______ in der Zeitung steht, ______________________

Merke!

Ein Satz aus **Haupt- und Nebensatz** wird **Satzgefüge** genannt.
Sie werden durch ein Komma getrennt.
Das **Relativpronomen** (bezügliches Fürwort) **das** leitet einen Nebensatz ein.
Dieser Nebensatz wird **Relativsatz** genannt.
Beispiel: Das Stoppschild, das an unserer Straße steht, wird von den Autofahrern leider nicht immer beachtet.

Merke!

Das Relativpronomen **der**, **die**, **das** und **welcher**, **welche**, **welches** leitet Relativsätze ein. Das Relativpronomen bezieht sich auf ein Satzglied im Hauptsatz. Zwei Hauptsätze können durch ein Relativpronomen zu einem Satzgefüge aus Haupt- und Nebensatz verbunden werden.

Wenn der Relativsatz **nachgestellt** ist, steht vor dem Relativpronomen ein Komma.

Beispiel: **Das Buch** habe ich verloren. **Das Buch** hattest du mir geschenkt.
Das Buch habe ich verloren, **das** du mir geschenkt hattest.

Wenn der Relativsatz in den Hauptsatz **eingeschoben** ist, steht am Anfang und am Ende des Relativsatzes ein Komma.

Beispiel: **Das Buch** habe ich verloren. **Das Buch** hattest du mir geschenkt.
Das Buch, das du mir geschenkt hattest, habe ich verloren.

1. Verbinde zwei Hauptsätze mit dem Relativpronomen **das**. Der Relativsatz soll nachgestellt sein. Unterstreiche den Relativsatz.
Beispiel: Das Haus ist vor ein paar Tagen abgebrannt. Das Haus gehörte meiner Oma.
Das Haus ist vor ein paar Tagen abgebrannt, das meiner Oma gehörte.

- Wann bringst du mir das Buch zurück? Das Buch hatte ich dir in den Ferien geliehen.
- Das Handy wurde mir gestohlen. Das Handy haben mir meine Eltern geschenkt.
- Das Lied will mir nicht aus dem Kopf. Das Lied habe ich im Radio gehört.

2. Schreibe die Sätze von Aufgabe 1 als Satzgefüge, indem der Relativsatz eingeschoben ist. Denke an die Kommas am Anfang und am Ende des Relativsatzes.
Beispiel: Das Haus, das meiner Oma gehörte, ist vor ein paar Tagen abgebrannt.

3. Verbinde zwei Hauptsätze mit den Relativpronomen **der**, **die** oder **das**.
Du kannst den Relativsatz einschieben oder ans Ende schreiben.
Beispiel: Die Raupen sind im Garten. Die Raupen entwickeln sich zu Schmetterlingen.
Die Raupen, die im Garten sind, entwickeln sich zu Schmetterlingen.

- Die Straße ist eine Spielstraße. Die Straße führt an unserem Haus vorbei.
- Die Blume ist eine Kletterrose. Die Blume rankt bis zu unserem Fenster empor.
- Der Asphalt auf der Straße ist geschmolzen.
Der Asphalt wurde von der Sonne erhitzt.

4. Ersetze bei den Sätzen von Aufgabe 3 die Relativpronomen **der**, **die** und **das** durch **welcher**, **welche** oder **welches**.
Beispiel: Die Raupen, welche im Garten sind, entwickeln sich zu Schmetterlingen.

das oder dass in Satzgefügen

Lösungen Seite 87

Merke!

- Wenn du in einem Satzgefüge das Wort **das** durch **welches** ersetzen kannst, handelt es sich um das Relativpronomen **das**.
  Beispiel: Das Kind, **das** auf der Schaukel sitzt, ist mein Bruder.
  Das Kind, **welches** auf der Schaukel sitzt, ist mein Bruder.
- Wenn du in einem Satzgefüge das Wort **dass** nicht durch **welches** ersetzen kannst, handelt es sich um die Konjunktion **dass**.
  Die Konjunktion **dass** verbindet einen Haupt- und einen Nebensatz zu einem Satzgefüge. Vor der Konjunktion **dass** steht ein Komma.
  Beispiel: Wir hoffen, **dass** es heute nicht regnet.

1. Verbinde zwei Hauptsätze mit der Konjunktion **dass** zu einem Satzgefüge.
Beispiel: **Pablo hofft. Er erhält ein gutes Zeugnis.**
Pablo hofft, dass er ein gutes Zeugnis erhält.

- Vater möchte. Wir verleben unsere Ferien in der Lüneburger Heide.

____

- Opa glaubt. Heute gibt es noch ein Gewitter.

____

- Mutter verspricht. Wir unternehmen während der Ferien einen Ausflug an den Bodensee.

____

____

- Oma freut sich. Wir besuchen sie am Wochenende.

____

- Mara schreibt. Sie hat die Führerscheinprüfung bestanden.

____

- Ich meine. Es hat noch nie so viel geregnet wie in diesem Jahr.

____

- Lorenz findet. Der Pullover steht ihm gut.

____

____

Lösungen Seite 87

Merke!

In einem Text musst du in den Sätzen zwischen dem Relativpronomen das und der Konjunktion dass unterscheiden.

1. Ergänze in den folgenden Sätzen das Relativpronomen **das** oder die Konjunktion **dass**.

- Glaubst du, ______ die Wissenschaftler eine Zeitmaschine erfinden können?
- Lorenz ist überzeugt, ______ er zum Geburtstag einen Hund geschenkt bekommt.
- Ira bewundert das Bild, ______ Laura für sie zum Geburtstag gemalt hat.
- Das Reh, ______ über die Straße lief, wurde von einem Auto angefahren.
- Unsere Ferien wollen wir in diesem Jahr in einem Haus verbringen, ______ wir auf der Insel Norderney gemietet haben.
- Das Buch, ______ ich mir in der Bücherei ausgeliehen habe, erzählt vom Leben der Indianer.

2. Setze **das** oder **dass** in die Satzlücken ein. Kontrolliere mit dem Text auf Seite 69.

Rettung der Feldhamster

Der Feldhamster | ist ein wild lebendes Tier, | ______ fast ausgestorben ist. | In einer biologischen Station | wurde jetzt entschieden, | ______ 120 Tiere im Frühjahr ausgewildert werden sollen. | Ziel ist es, | ______ die kleinen Nagetiere | sich wieder in der freien Natur vermehren. | Einige Bauern | stellen Teile ihres Landes | zur Verfügung, ______ nicht angebaut | und abgeerntet wird. | Die dadurch wild wachsenden Pflanzen | sorgen dafür, | ______ die Feldhamster genügend Futter | und Deckung vor Fressfeinden haben. | Die Experten wollen | aber auch sehen, | ______ sich die Tiere | gut entwickeln. | Jedes Tier, | ______ in die Freiheit entlassen wird, | bekommt einen Chip | oder einen Sender.

3. Lass dir den Text von einem Partner diktieren. Kontrolliert gegenseitig die Rechtschreibung und berichtigt eure Fehler.

Arbeit mit dem Wörterbuch

Seite 4 und 4 ▶ Nr. 3 ▶ Mitgliedstaaten – nein – das Mitglied, der Staat – individuelle Lösung
Menschenrechte – ja – individuelle Lösung
Meinungsäußerung – nein – die Meinung, die Äußerung – individuelle Lösung
Hautfarbe – ja – individuelle Lösung
Familienleben – nein – die Familie, das Leben – individuelle Lösung
Kindergarten – ja – individuelle Lösung
Arbeitsplatz – nein – die Arbeit, der Platz – individuelle Lösung
Staatengemeinschaft – nein – der Staat, die Gemeinschaft – individuelle Lösung
Grundbedürfnisse – nein – der Grund, das Bedürfnis – individuelle Lösung

Seite 5 ▶ Nr. 1 ▶ der Buntstift – bunt – individuelle Lösung
das Fertighaus – fertig – individuelle Lösung
das Lesebuch – lesen – individuelle Lösung
das Trinkwasser – trinken – individuelle Lösung

Nr. 2 ▶ ofenfrisch – der Ofen – individuelle Lösung
nächtelang – die Nacht – individuelle Lösung
lichtscheu – das Licht – individuelle Lösung
hellblau – hell – individuelle Lösung
lauwarm – lau – individuelle Lösung
halbherzig – halb – individuelle Lösung

Seite 6 ▶ Nr. 2 ▶ fängt, gibt, bläst, isst, flicht

Nr. 3 ▶ Erklärung, Meinungsäußerung, verboten, Männer, Hautfarbe, beginnen

Wörter mit gleichem Wortstamm

Seite 7 ▶ Nr. 3 ▶ Verben: fahren, fährt, befahren
Adjektive: befahrbar
Nomen: die Fahrten, die Fahrgäste, die Fahrzeuge

Seite 8 ▶ Nr. 1 ▶ binden – verbindlich – die Bänder
sprechen – sprachlos – das Gespräch
brechen – gebrechlich – der Verbrecher
schreiben – schriftlich – die Beschreibung
nehmen – ausnahmsweise – die Annahme
fallen – zufällig – das Gefälle
bauen – baufällig – das Gebäude
schlafen – schlaflos – der Schläfer
zählen – zahllos – der Zähler

Seite 9 ▶ Nr. 1 ▶ die Unfälle, der Unfall, der Zufall, zufallen, zufällig, die Zufälle, der Gefallen, das Gefälle, der Anfall, die Anfälle, auffallen, auffällig

der Verkauf, der Verkäufer, kaufen, der Käufer, die Käuferin, käuflich, kauflustig, der Einkauf, einkaufen, der Einkäufer, die Einkäuferin, abkaufen, der Ausverkauf, ausverkaufen

die Fliege, fliegen, der Flieger, die Fliegerei, der Überflieger, überfliegen, der Kunstflieger, die Kunstfliegerei, der Gleitflieger, die Gleitfliegerei, der Segelflieger, die Segelfliegerei, der Überflug, der Kunstflug, der Gleitflug, der Segelflug, flugtauglich, flugsicher

Wörter mit lang gesprochenem Vokal

Seite 10 ▶ Nr. 2 ▶ Wörter ohne Dehnungszeichen:
lebte, nämlich, verrät, Leben, damals, Tod, Meter, groß, trug, Fuß, Gras

Wörter mit Dehnungs-h:
ungefähr, Jahren, allmählich, Jahrtausende, bewahrt, erfahren, Jahre, genähte, Schuh, Zähne

Wörter mit doppeltem Vokal (aa, ee, oo):
Schnee, Schneemassen, Haar

Wörter mit ie:
Mumie, Tätowierungen, verziert

Seite 11 ▶ Nr. 1 ▶ Wörter mit lang gesprochenem a:
der Tag, das Gras, der Vater

Wörter mit lang gesprochenem e:
der Regen, die Feder, der Nebel

Wörter mit lang gesprochenem i:
der Tiger, der Virus, die Familie

Wörter mit lang gesprochenem o:
die Dose, der Vogel, der Ton

Wörter mit lang gesprochenem u:
die Blume, die Kugel, der Mut

Nr. 2 ▶ Blume, Vogel, Vater, Gras, Nebel, Ton, Familie

Nr. 3 ▶ die Seerose, das Seewasser, das Seeufer, der Seeadler, der Seehund
das Haarspray, die Haarlocke, der Haarschnitt, das Haarwasser, die Haarfarbe

Seite 12 ▶ Nr. 1 ▶ senkrecht:
die Lähmung, die Zahl, die Sahne, der Verkehr, das Fahrrad, der Kahn

waagerecht:
der Kohl, die Uhr, der Lehrer, der Stuhl, der Sohn

diagonal:
der Mohn, das Mehl, der Ruhm, der Rahm, der Lehm

Nr. 2 ▶ Wörter mit hl:
die Zahl, der Kohl, der Stuhl, das Mehl

Wörter mit hm:
der Ruhm, der Rahm, die Lähmung, der Lehm

Wörter mit hn:
die Sahne, der Sohn, der Mohn, der Kahn

Wörter mit hr:
der Verkehr, das Fahrrad, die Uhr, der Lehrer

Nr. 4 ▶ das Fahrrad, der Kahn, der Kohl, die Lähmung, der Lehm, der Lehrer, das Mehl, der Mohn, der Rahm, der Ruhm, die Sahne, der Sohn, der Stuhl, die Uhr, der Verkehr, die Zahl

Seite 13 ▶ Nr. 2 ▶ biegen – ich biege – du biegst – er biegt – ihr biegt
fliegen – ich fliege – du fliegst – er fliegt – ihr fliegt
fliehen – ich fliehe – du fliehst – er flieht – ihr flieht
frieren – ich friere – du frierst – er friert – ihr friert
fließen – ich fließe – du fließt – er fließt – ihr fließt
gießen – ich gieße – du gießt – er gießt – ihr gießt
liegen – ich liege – du liegst – er liegt – ihr liegt
kriechen – ich krieche – du kriechst – er kriecht – ihr kriecht
schieben – ich schiebe – du schiebst – er schiebt – ihr schiebt
schießen – ich schieße – du schießt – er schießt – ihr schießt
schließen – ich schließe – du schließt – er schließt – ihr schließt
siegen – ich siege – du siegst – er siegt – ihr siegt
spielen – ich spiele – du spielst – er spielt – ihr spielt
verlieren – ich verliere – du verlierst – er verliert – ihr verliert
wiegen – ich wiege – du wiegst – er wiegt – ihr wiegt
ziehen – ich ziehe – du ziehst – er zieht – ihr zieht

Wörter mit lang oder kurz gesprochenem Vokal

Seite 14 ▶ Nr. 2 ▶ Wörter mit lang gesprochenem Vokal:
nämlich, besteht, Vater, großziehen, leben, bekamen

Wörter mit kurz gesprochenem Vokal:
übersetzt, Stückwerk, können, Mutter, allein, nennt, Kind, trennt, Mann, wollten, jungen, wissen

Seite 15 ▶ Nr. 1 ▶ waagerecht: Tanz, Schale, Wasser, Magen, Katze, Brummer
senkrecht: Vater, Löwe, Vase, Mutter, Made, Tasse, Vokal, Ebbe, Winter, Hand

Nr. 2 ▶ Wörter mit lang gesprochenem Vokal:
der Vater, die Schale, der Magen, der Löwe, die Vase, die Made, der Vokal

Wörter mit kurz gesprochenem Vokal:
der Tanz, das Wasser, die Katze, der Brummer, die Mutter, die Tasse, die Ebbe, der Winter, die Hand

Nr. 3 ▶ Eine|patchworkfamilie, |was|ist|denn|das?|
Eine|patchworkfamilie|ist|aus|verschiedenen|familien|zusammengefügt.| Familien|können|nämlich|unterschiedlich|sein. |Häufig|besteht|eine|familie|aus| mutter, |vater|und|deren|gemeinsamen|kindern. |Es|gibt|aber|auch|familien,| in|denen|eine|mutter|oder|ein|vater|ihre|kinder|allein|großziehen. |In|manchen| familien|leben|kinder, |die|nicht|alle|den|gleichen|vater|oder|die|gleiche| mutter|haben. |Diese|familien|nennt|man|patchworkfamilien.|

Wörter mit kurz gesprochenem Vokal

Seite 16 ▶ Nr. 3 ▶ Wörter mit mehreren verschiedenen Konsonanten nach einem kurz gesprochenem Vokal:
ertrinken, Verhalten, Garten, verhindern, winzige, halben, schlüpfen, lang

Wörter mit zwei gleichen Konsonanten nach einem kurz gesprochenem Vokal:
kommen, wollen, fressen, herabfallende, Blätter, Speisezettel

Wörter mit den Konsonanten ck nach einem kurz gesprochenem Vokal:
lockern, Decke, erstickt

Wörter mit den Konsonanten tz nach einem kurz gesprochenem Vokal:
nützlich, Spitzmaus

Seite 17 ▶ Nr. 1 ▶ waagerecht:
Stall, Wall, Zinn, Bett, Brett

senkrecht:
Schiff, Nuss, Kinn, Lamm, Riff, Fluss, Kamm

Nr. 2 ▶ Stall – Wall, Kamm – Lamm, Schiff – Riff, Nuss – Fluss, Kinn – Zinn, Bett – Brett

Seite 18 ▶ Nr. 1 ▶ flattern, bellt, schellt, gurrt, summt, sammelt, schnurrt, spinnt, surren

Nr. 2 ▶ der Treffpunkt, die Rolltreppe, das Spinnrad, der Klappstuhl, das Brennholz, das Stemmeisen, der Schwimmlehrer, die Stoppuhr, der Messbecher

Seite 19 ▶ Nr. 2 ▶ Wörter mit k nach l, n oder r:
die Stärke, der Funke, die Wolke, die Gurke

Wörter mit ck nach kurzem Vokal:
die Strecke, die Schnecke, der Deckel, die Glocke

Wörter mit z nach l, n oder r:
die Tänze, die Herzen, das Holz, die Pflanze

Wörter mit tz nach kurzem Vokal:
der Spatz, die Gesetze, der Witz, die Hitze

Wörter mit ss oder ß

Seite 20 ▶ Nr. 3 ▶ Wörter mit ss:
Allesfressern, Nüsse, Nuss, Nusskern

Wörter mit ß:
heißt, schließlich, großes

Seite 21 ▶ Nr. 1 ▶ gießen, fressen, reißen, grüßen, messen, beißen, schließen, essen, küssen, pressen, süßen, hassen

Nr. 2 ▶ gießen – Kanne, grüßen – Wort, reißen – Verschluss, süßen – Speise, schließen – Fach

die Gießkanne, das Grußwort, der Reißverschluss, die Süßspeise, das Schließfach

messen – Becher, essen – Löffel, fressen – Napf, hassen – Rede, küssen – Hand

der Messbecher, der Esslöffel, der Fressnapf, die Hassrede, die Kusshand

Nr. 3 ▶ gießen, presst, süßen, Schließe, esse

Seite 22 ▶ Nr. 1 ▶ gießen – gießfertig – der Guss
genießen – genüsslich – der Genuss
fließen – fließend – der Fluss
verdrießen – verdrießlich – der Verdruss
fassen – unfassbar – das Gefäß
schießen – schießwütig – der Schuss

Nr. 3 ▶ 1, 5, 3, 6, 2, 4

Wörter mit s, ss oder ß

Seite 23 ▶ Nr. 2 ▶ Wörter mit kurz gesprochenem Vokal vor einem stimmlosen s-Laut:
muss, Nuss

Wörter mit lang gesprochenem Vokal vor einem stimmlosen s-Laut:
groß, Fuß, Stoß

Wörter mit einem Doppellaut vor einem stimmlosen s-Laut:
Fleiß, weiß

Wörter mit lang gesprochenem Vokal vor einem stimmhaften s-Laut:
Gras

Wörter mit einem Doppellaut vor einem stimmhaften s-Laut:
Eis, Preis

Seite 25 ▶ Nr. 2 ▶ Beispiellösung:
Das nasse Holz ist rutschig.
Mein nervöser Bruder kaut an den Fingernägeln.
Der harmlose Hund lässt sich streicheln.

Seite 26 ▶ Nr. 3 ▶ Jahreszeit, Bäumen, Leckerbissen, hämmern, kann, Larven, ernährt, Beeren, Kern, Buntspecht, zurechtgehämmert, schaffen, Schläge, Stoß, Schädelknochen

das oder dass

Seite 28 ▶ Nr. 1 ▶ Eva meint, dass (K) sie heute aufräumen muss. Das (D) gefällt ihr gar nicht. Sie glaubt, dass (K) Tim nur selten den Tisch abräumt. Sie sagt, dass (K) sie nicht immer allein aufräumen möchte. Eva freut sich, dass (K) Tim ihr heute helfen will. Das (D) findet sie nur gerecht. Das (A) Aufräumen im Haushalt sollten sich alle teilen. Er saugt das (A) Zimmer und bringt alte Zeitungen in den Müll.

Nr. 2 ▶ Der 29. Februar ist ein geschenkter Tag.

Wir wissen, dass die Erde die Sonne umrundet.

Wissenschaftler haben herausgefunden, dass die Erde dafür jedes Jahr einige Stunden mehr als 365 Tage benötigt.

Viele Stunden sammeln sich, sodass unser Kalender sich verschiebt.

Das wird zum Problem.

Kennst du das nächste Schaltjahr?

Gleich oder ähnlich klingende Konsonanten: b/p, d/t, g/k

Seite 29 ▶ Nr. 2 ▶ b oder p am Wortende:
grob, Urlaub, Mikroskop, Korb

d oder t am Wortende:
Welt, Freund, Internet, hart, bunt, luftdicht, leicht, Umwelt, Strand, ungesund

g oder k am Wortende:
Plastik, Wohnung, Ding, Spielzeug, einfarbig, durchsichtig, luftdurchlässig, Atlantik, häufig

Seite 32 ▶ Nr. 1 ▶ die Liebe – lieb – lieben, die Länge – lang – verlängern,
die Krankheit – krank – erkranken, der Raub – räuberisch – rauben,
die Nacht – nächtlich – nächtigen, die Weite – weit – erweitern,
der Tag – täglich – vertagen, die Stärke – stark – stärken

Nr. 2 ▶ Beispiellösung:
die Kraft – kräftig, der Dank – dankbar, der Schlag – schlagfertig, der Ausflug – ausfliegen, trüb – trüben, der Neid – neidisch, er hob – heben, sie zog – zögern, schädlich – der Schaden, feucht – anfeuchten

Seite 33 ▶ Nr. 2 ▶ Merkwörter mit b:
der Club, die Erbse, der Herbst, hübsch, das Obst, der Krebs

Merkwörter mit p:
der Apfel, hopsen, das Rezept, der Stöpsel, plumpsen, der September

Merkwörter mit den Vorsilben end- oder ent-

Seite 34 ▶ Nr. 3 ▶ Wörter mit der Vorsilbe Ent-/ent-:
entwickelt, Entdeckung, Entfernung, entfernt, entdeckt, entstehen, Entscheidung, Entwicklung

Wörter mit der Vorsilbe End-/end-:
endlos, Endergebnis, endgültig, endlich

Seite 35 ▶ Nr. 1 ▶ das Endspiel, entgleisen, die Endstation, die Entfernung, endlos, die Entscheidung, endgültig, enthüllen

Nr. 2 ▶ Endspiel, enthüllt, Entfernung

Merkwörter mit dem f-Laut

Seite 36 ▶ Nr. 2 ▶ Wörter mit F/f:
fürchten, friedlich, fliegen, Fliegen, fleißige, Flug, Frühjahr

Wörter mit V/v für den f-Laut:
verhält, Verwandte, vieler, Larven, viele, versorgen, verpuppen, Versteck, Volk

Wörter mit V/v für den w-Laut:
der Lavendel, kurven

Seite 37 ▶ Nr. 2 ▶ V/v wie F/f gesprochen:
der Vers, vier, viele, der Vollmond

V/v wie W/w gesprochen:
die Lava, der Vegetarier, der November, die Kurve, der Vulkan, das Virus, die Villa

Nr. 3 ▶ V/v wie F/f gesprochen:
das Vesperbrot, das Volk, der Verrat, der Vogel, das Versteck, das Pulver

V/v wie W/w gesprochen:
die Vanille, die Olive, das Klavier, die Konservendose, das Video

Nr. 6 ▶ Wie|gefährlich|sind|hornissen?|
Viele|menschen|fürchten, |dass|sie|von|einer|hornisse|gestochen|werden.| Aber|die|hornisse|verhält|sich|den|menschen|gegenüber|sehr|friedlich.| Eine|hornisse|sticht|menschen|nur, |wenn|sie|bedroht|oder|ihr|nest|angegriffen| wird. |Sie|ist|die|größte|verwandte|vieler|wespenarten. |Die|kleineren|wespen|sind| häufig|sehr|angriffslustig, |wenn|sie|um|unsere|süßspeisen|fliegen|oder|um|den| blühenden|lavendel|kurven. |Hornissen|dagegen|sind|ständig|auf|der|jagd|nach| raupen, |fliegen, |larven|und|den|kleineren|wespen. |Hornissen|leben|in|staaten.| In|ihrem|staat|wohnt|eine|königin, |die|eier|legt. |Außerdem|leben|dort|viele| fleißige|arbeiterinnen. |Sie|jagen|ihre|beutetiere|oder|pflegen|die|eier|und| versorgen|die|larven, |die|aus|den|eiern|schlüpfen.|

Wörter mit e oder ä

Seite 38 ▶ Nr. 2 ▶ Wörter mit ä:
die Äste, die Äpfel, wärmen

Wörter mit e:
die Ernte, der Verzehr, der Teppich

Nr. 3 ▶ Wörter mit ä:
der Säbel, die Kälte, der Lärm, die Täler, die Fähre

Wörter mit e:
der Keller, der Teller, die Hecke, die Kette, das Nest, die Decke, das Zelt

Seite 39 ▶ Nr. 1 ▶ Wärme, Kälte, Nässe, Stärke, Schärfe, Schwäche, Länge, Nähe

Nr. 2 ▶ die Wärme – warm, die Kälte – kalt, die Nässe – nass, die Stärke – stark,
die Schärfe – scharf, die Schwäche – schwach, die Länge – lang, die Nähe – nah

Nr. 3 ▶ das Jahr – sich jähren, die Schale – schälen, die Wahl – wählen,
der Kamm – kämmen, der Kampf – kämpfen, die Farbe – färben

Nr. 4 ▶ schält, färbt, kämmt, wählt, kämpft

Seite 40 ▶ Nr. 1 ▶ das Märchen, der Käfer, die Säge, der März, die Ähre, das Mädchen, der Käfig,
der Säbel, der Lärm, die Gräte

Nr. 2 ▶ lang – länger – am längsten, hart – härter – am härtesten,
schwach – schwächer – am schwächsten,
arm – ärmer – am ärmsten, alt – älter – am ältesten,
warm – wärmer – am wärmsten

Nr. 4 ▶ Herbstbeginn|
Der|wind|jagt|die|wolken|über|den|himmel. |Er|peitscht|die|äste.|
Die|herbstlichen|stürme|reißen|dann|die|letzten|blätter|von|den|ästen.|
Die|bunten|herbstblätter|liegen|uns|nun|wie|ein|teppich|zu|füßen.|
Die|strahlen|der|sonne|wärmen|kaum|noch. |Die|äpfel|reifen|und|bald|werden|
sie|geerntet. |Dann|können|wir|sie|verzehren. |Die|zugvögel|sammeln|sich|
zum|flug|über|das|meer. |Der|igel|sorgt|für|seinen|winterspeck.|
Eichhörnchen|sammeln|nüsse|und|bucheckern|und|bringen|sie|in|
ein|sicheres|versteck.|

Wörter mit eu oder äu

Seite 41 ▶ Nr. 2 ▶ Räumen, räuberisches, Süddeutschland, Leute, scheußlich, Spinnenläufer,
bedeutet, deutlich, läuft, Beute, Räuber, Mäuse, erbeuten, Gemäuer

Nr. 3 ▶ Wörter mit eu:
Leute, Süddeutschland, scheußlich, bedeutet, deutlich, Beute, erbeuten

Wörter mit äu:
Räume, räuberisches, Spinnenläufer, läuft, Räuber, Mäuse, Gemäuer

Seite 42 ▶ Nr. 1 ▶ glauben – gläubig – der Glaube
bräunen – braun – die Bräune
bestäuben – staubig – der Staub
räumen – geräumig – der Raum
läuten – lautlos – der Laut
räuchern – rauchig – der Rauch
schäumen – schaumig – der Schaum

Wörter mit ei oder ai

Seite 43 ▶ Nr. 2 ▶ gleichaltrig: gleichwertig, gleichen
der Fischlaich: Laichzeit, Laichsaison, Laichens
die Unterscheidung: unterscheiden
der Kai: Kaiplätze
die Heimat: beheimatet

Seite 44 ▶ Nr. 1 ▶ Hai, Hain, Mai, Mais, Waise, Kaiser, Laich, Main, Kai, Laib

Nr. 2 ▶ Seite, Saite, Waise, Weise, Leib, Laib

Seite 45 ▶ Nr. 1 ▶ Kai, Kairo, Taifun, Hain, Samurai, Mainz, Bai

Nr. 2 ▶ der Brotlaib, die Waisenkinder, die Kaimauer, die Geigensaite

Nr. 3 ▶ Die|dorschbestände|in|der|ostsee|
Während|der|laichzeit|im|februar|und|märz|ist|es|den|fischern|nun|verboten,|
dorsche|in|der|ostsee|zu|fangen. |Auch|für|die|hobbyfischer|haben|die|
fischereiminister|eine|neue|obergrenze|für|die|fangmenge|an|dorschen|bestimmt.|
Während|des|laichens|dürfen|die|angler|an|ihren|kaiplätzen|höchstens|drei|
dorsche|pro|tag|fangen. |Im|anschluss|an|die|laichsaison|sind|den|hobbyanglern|
nur|noch|fünf|dorsche|pro|tag|erlaubt. |Auf|diese|weise|sollen|sich|die|
dorschbestände|erholen. |Menschen, |die|gerne|dorsch|essen, |können|einen|
gleichwertigen|fisch|kaufen, |und|zwar|den|kabeljau. |Dorsch|und|kabeljau|sind|
nur|verschiedene|namen|für|den|gleichen|fisch. |Sie|unterscheiden|sich|nur|
dadurch, |dass|der|kabeljau|in|der|nordsee|lebt|und|der|dorsch|in|der|ostsee|
beheimatet|ist.|

Merkwörter mit dem x-Laut

Seite 46 ▶ Nr. 2 ▶ Wörter mit x:
Lexikon, Text, extra, Experten, fix, Axt

Wörter mit chs:
wachsen, Gewächsen, Wachstum, verwechseln, Wuchs

Wörter mit gs:
mittags, flugs, ringsum, unterwegs

Wörter mit ks oder cks:
Klecks, Keks

Seite 47 ▶ Nr. 1 ▶ blindlings, rücklings, Pfingsten

Nr. 2 ▶ mittags, ringsum, unterwegs

Nr. 4 ▶ das Übungsheft, der Zeitungsartikel, das Geburtstagsgeschenk,
die Lieblingsmusik, die Mittagspause, der Wohnungsschlüssel,
das Leitungsrohr, die Anfangszeit

Seite 48 ▶ Nr. 1 ▶ Beispiellösung:
der Keks: die Kekssorte, die Keksdose, die Kekse
links: linksherum, linkshändig, linksbündig, linkisch, zur Linken, die Linkskurve

Nr. 2 ▶ hinterrücks, Knicks, Knacks, Klecks, druckst

Nr. 3 ▶ drucken – du druckst, knicken – du knickst, knacken – du knackst,
necken – du neckst, spucken – du spuckst, stricken – du strickst,
nicken – du nickst, schlucken – du schluckst

Seite 49 ▶ Nr. 1 ▶ der Dachs, die Eidechse, der Fuchs, der Lachs, der Luchs, der Ochse

Nr. 2 ▶ wachsen:
das Gewächs, der Nachwuchs, der Erwachsene, kleinwüchsig

wechseln:
das Wechselgeld, die Verwechslung, wechselhaft,
der Wechselrahmen

Wachs:
die Wachskerze, die Wachsfigur, wachsweich, der Wachsmalstift

Nr. 3 ▶ das Flachsfeld, der Achsenbruch, der Büchsenöffner, der Fuchsbau,
der Ochsenschwanz, der Lachsfang

Seite 50 ▶ Nr. 1 ▶ waagerecht:
Nixe, Boxer, Text, extrem, Hexe, Examen, extra, Experte
senkrecht:
Taxi, fix, Max, Lexikon, Axt, Luxus

Nr. 2 ▶ Lexikon, Text, extra, Experte, fix, extrem, Luxus, Axt, Hexe, Taxi, Max, Nixe,
Examen, Boxer

Nr. 3 ▶ der Taxifahrer, die Luxusjacht, die Expertenmeinung, das Hexenhaus,
die Textseite, die Examensangst

Seite 51 ▶ Nr. 1 ▶ Fuchs, blindlings, schnurstracks, Eidechse, Kekse, Felix, fix, Erwachsene,
Max, Asterix

Nr. 2 ▶ 8, 1, 4, 3, 2, 5, 7, 6

Großschreibung von Verben und Adjektiven

Seite 52 ▶ Nr. 2 ▶ Adjektive werden zu Nomen:
die Größe, das Belastende, etwas Geheimes, einiges Unangenehme,
viel Schlimmes, manches Erfreuliche

Verben werden zu Nomen:
beim Reden, das Sprechen, ihr Wissen

Seite 53 ▶ Nr. 1 ▶ Mein Warten war nutzlos.
Dein Schwimmen klappt immer besser.
Sein Anrempeln wirkte sehr unangenehm.
Ihr Lachen ist ansteckend.
Euer Kreischen ist zu laut.

Nr. 2 ▶ viel Preiswertes, das Betreten, das Auftreten, genug Lustiges, nichts Gutes,
etwas Neues

Nr. 3 ▶ Beispiellösung:
Heute erfahren wir viel Neues, Aufregendes und Spannendes in der Schule.
In dem Geschäft gibt es wenig Gutes, Schönes und Hübsches zu kaufen.
In der Nachrichtensendung hört man manches Traurige, Schlimme und Ernste.

Seite 54 ▶ Nr. 1 ▶ Rechnen, rechnen; backen, Backen; Segeln, segeln; einkaufen, Einkaufen

Worttrennung

Seite 55 ▶ Nr. 3 ▶ die Frei-zeit, der Fuß-ball, das Tisch-ten-nis, die Haar-far-be, die Kör-per-grö-ße, die Som-mer-spros-sen, die Kör-per-zel-le, die Sprach-the-ra-pie, die Ma-the-ma-tik-auf-ga-ben, der Herz-feh-ler, die Uni-kli-nik, der Rad-fah-rer, der Bas-ket-ball-spie-ler

Seite 56 ▶ Nr. 1 ▶ Tiernamen mit zwei Silben:
die Wes-pe, der Ti-ger, der Af-fe, die Kat-ze, die Tau-be, die Am-sel, die Zie-ge, die Schlan-ge

Tiernamen mit drei Silben:
der Go-ril-la, die Gi-raf-fe, der Pin-gu-in, die Hor-nis-se, der Pa-pa-gei, der Schmet-ter-ling, das Kro-ko-dil, das Eich-hörn-chen

Nr. 2 ▶ der Fetttropfen – der Fett-trop-fen, die Nussschale – die Nuss-scha-le, die Gewinnnummer – die Ge-winn-num-mer, das Betttuch – das Bett-tuch

Nr. 3 ▶ die Brennnessel – die Brenn-nes-sel, die Flussschifffahrt – die Fluss-schiff-fahrt, die Kaffeeernte – die Kaf-fee-ern-te, die Kennnummer – die Kenn-num-mer, das Pappplakat – das Papp-pla-kat, der Rollladen – der Roll-la-den, die Sauerstoffflasche – die Sau-er-stoff-fla-sche, der Schwimmmeister – der Schwimm-meis-ter, das Teeei – das Tee-ei das Wettturnen – das Wett-tur-nen

Seite 57 ▶ Nr. 1 ▶ das Aben-teu-er, die Amei-se, die Ana-nas, die Vi-o-li-ne, der Igel, das Ufer, die Treue, die Ru-i-ne, der Esel, der Abend, die The-o-rie, das Ra-dio, die Fa-mi-lie, das The-a-ter

Nr. 2 ▶ die Eu-le, das Au-to, der Ei-mer, äu-ßer-lich, der Au-gust, das Eu-ter, die Ei-sen-bahn, der Au-gen-blick, der Eu-ro-tun-nel, Eu-ro-pa, der Au-to-mat, das Au-ge

Seite 58 ▶ Nr. 1 ▶ die Küchenwaage – die Kü-chen-waa-ge, die Wochentage – die Wo-chen-ta-ge, die Wolldecke – die Woll-de-cke, die Apotheke – die Apo-the-ke, die Zuckerdose – die Zu-cker-do-se

Zeichensetzung bei der wörtlichen Rede

Seite 59 ▶ Nr. 3 ▶ „Der größte Papagei ist der Hellrote Ara“, behauptet Max. „Er hat eine Flügelspannweite von fast einem Meter“, fügt er hinzu. „Wisst ihr noch mehr über den Hellroten Ara?“, fragt der Lehrer. „Ja“, ruft Max, „der Ara lebt in den Regenwäldern von Mittel- und Südamerika!“ „Nun lass auch einmal andere Mitschüler reden!“, fordert der Lehrer Max auf. „Entschuldigung“, ruft Max, „ich möchte nur noch sagen, dass ‚Hellroter Ara‘ ein Eigenname ist und deshalb großgeschrieben werden muss!“ „Ich habe gelesen“, erzählt Anne, „dass der Ara gesellig in Gruppen lebt.“ „Bei Sonnenaufgang“, berichtet sie weiter, „verlässt die ganze Gruppe laut krächzend das Nachtlager und fliegt auf Futtersuche.“ Erik fragt: „Was fressen denn die Aras?“ Anne erklärt: „Sie fressen Nüsse, Beeren, Samen, Früchte und auch Blüten.“ „Wie sehen denn die Aras aus?“, will Finn wissen. „Bei den Federn überwiegt das Scharlachrot“, beschreibt nun der Lehrer den leuchtend bunten Ara. „Die Flügeldecken sind sonnengelb, die Flügelfedern dunkelblau und die langen Schwanzfedern leuchten wieder scharlachrot“, fügt er hinzu. „Im Internet“, ruft Lea nun, „könnt ihr Fotos vom Hellroten Ara finden!“

Nr. 4 ▶ Eva behauptet: „Der Apfel fällt nicht weit vom Stamm."
Finn stimmt ihr zu: „Das Sprichwort kenne ich."
Mia schluchzt: „Mein Meerschweinchen ist gestorben."
Hannes schimpft: „Mein Freund kommt nie pünktlich zum Fußballtraining."

Seite 60 ▶ Nr. 1 ▶ „Wie viele Kilometer sind es von Hamburg bis München?", will Aishe wissen.
„Warum willst du das wissen?", fragt ihr Vater.
„Decke bitte morgen den Frühstückstisch!", bittet Mutter ihre Tochter Lara.
„Weckst du mich dann rechtzeitig?", fragt Lara ihre Mutter.
„Da ist eine dicke Spinne in der Dusche!", schreit Marie ganz erschrocken.
„Keine Angst, sie wird dich bestimmt nicht beißen!", ruft ihr Bruder lachend.
„Es gibt tatsächlich Spinnen, die beißen können", erklärt ihr Vater.
„Ich glaube, da hat sich jemand einen Scherz erlaubt", meint Mutter lachend.

Nr. 2 ▶ Aishe will wissen: „Wie viele Kilometer sind es von Hamburg bis München?"
Ihr Vater fragt: „Warum willst du das wissen?"
Mutter bittet ihre Tochter Lara: „Decke bitte morgen den Frühstückstisch!"
Lara fragt ihre Mutter: „Weckst du mich dann rechtzeitig?"
Marie schreit ganz erschrocken: „Da ist eine dicke Spinne in der Dusche!"
Ihr Bruder ruft lachend: „Keine Angst, sie wird dich bestimmt nicht beißen!"
Ihr Vater erklärt: „Es gibt tatsächlich Spinnen, die beißen können."
Mutter meint lächelnd: „Ich glaube, da hat sich jemand einen Scherz erlaubt."

Seite 61 ▶ Nr. 1 ▶ „Endlich sind Ferien", sagt Pablo, „da können wir gleich heute ins Schwimmbad fahren."
„Wie willst du denn mit deinem kaputten Fahrrad", fragt seine Schwester Mia, „ins Schwimmbad kommen?"
„Ich bezweifle", schmunzelt Mia, „dass du die Reparatur heute noch schaffst."
„Dann sei so gut", bittet Pablo, „und hilf mir, den Schlauch zu flicken."
„Ich bin einverstanden", ruft Mia, „wenn du mich morgen zu einem Eisbecher in die Eisdiele einlädst!"

Zeichensetzung in Satzgefügen

Seite 62 ▶ Nr. 2 ▶ Seit 1990 feiern wir in jedem Jahr am 3. Oktober die Wiedervereinigung von Ost- und Westdeutschland. Wenige Monate zuvor begann die Stadt Berlin am 13. Juni 1990 mit dem Abriss der Mauer, **weil** die Mauer den Osten von dem Westen der Stadt trennte. Nach der Wende im November 1989 hatten bereits viele Bürger die ehemalige Grenzanlage an vielen Stellen eingerissen, sodass immer mehr Grenzdurchgänge geschaffen wurden. Schließlich erschienen auch an der Bernauer Straße in Berlin Bagger und Baukräne zum offiziellen Abriss der Mauer, **nachdem** die Bürger der Stadt bereits viele Lücken in der Mauer geschaffen hatten. Die Bernauer Straße war ein bekannter Ort, **denn** hier sprangen Menschen 1961 in den Tagen des Mauerbaues aus den Fenstern ihrer Wohnungen in die Freiheit. Die Häuser an der Bernauer Straße gehörten nämlich zu Ostberlin, **während** der Bürgersteig zu Westberlin gehörte.
Die Flucht nach Westberlin war allerdings nur für kurze Zeit möglich, **da** die DDR-Regierung die Fenster zumauern und später die Häuser abreißen ließ.
Der Abriss der Berliner Mauer dauerte bis zum Ende des Jahres 1990.

Nr. 3 ▶ Beispiellösung:
Vater arbeitet im Garten, obwohl er Rückenschmerzen hat.
Mutter bringt ihr Auto in die Autowerkstatt, weil es beim Fahren komische Geräusche macht.
Heute Abend gieße ich die Blumen im Garten, damit sie nicht vertrocknen.

Seite 63 ▶ Nr. 1 ▶ Die Zugvögel kehren aus ihren Winterquartieren zurück, wenn der Frühling kommt.

Abends liest Mutter ihre Zeitung, während Vater am Computer arbeitet.

Die Eltern planen mit ihren Kindern gemeinsam eine Urlaubsreise, damit alle schließlich zufrieden sind.

Laura geht in die Schule, obwohl sie starke Kopfschmerzen hat.

Pablo erledigt rasch seine Hausaufgaben für die Schule, sodass er am Abend eine Fahrradtour machen kann.

Zeichensetzung bei Aufzählungen von Satzreihen

Seite 64 ▶ Nr. 3 ▶ aber, sondern, und, oder, und zwar

▶ Nr. 4 ▶ Die Gurkenflieger sind Traktoren und sie sehen wie Flieger aus.

Diese Traktoren haben nämlich auf beiden Seiten lange Flächen und fahren mit ihren ausgestreckten Seitenflächen sehr langsam über das Gurkenfeld.

Diese Traktoren werden Gurkenflieger genannt oder man bezeichnet sie als Erntegerät.

Die Flächen an den Seiten sehen wie die Flügel eines Flugzeugs aus, und zwar liegen auf jedem der beiden Flügel mehrere Menschen auf dem Bauch.

Diese Arbeit im Liegen ist nämlich sehr anstrengend und der Rücken schmerzt heftig.

Im Bundesland Brandenburg liegt der Spreewald und im Juni hat hier die Erntezeit für die Gurken begonnen.

Diese Gegend ist für die Spreewälder Gurken bekannt und du kannst dort in dieser Zeit die Gurkenflieger beobachten.

Vielleicht verbringst du einmal mit deiner Familie den Urlaub im Spreewald oder du fährst in den Ferien mit einigen Freunden auf dem Fahrrad durch das Gurkenanbaugebiet des Spreewaldes.

Seite 65 ▶ Nr. 1 ▶ Bei dem Gewitter schlug der Blitz mehrmals ein, die Regengüsse ließen die Keller voller Wasser laufen und die Sturmböen rissen unzählige Bäume aus der Erde.

Im Sommer herrscht oft eine Gluthitze, die Sonne brennt, kein Lüftchen regt sich und auf den Feldern verdorrt das Getreide.

Im Bundesland Brandenburg liegt der Spreewald, die Spreewaldgurken werden hier geerntet und du kannst während der Erntezeit dort die Gurkenflieger beobachten.

Im Sommer schwimmen wir gern in einem Waldsee, pflücken am Wegrand kleine Walderdbeeren oder liegen in der Sonne auf der Wiese.

Heute findet das Endspiel der Europameisterschaft in Paris statt, die Nationalhymnen erklingen, die Mannschaften verteilen sich auf dem Fußballplatz und das Spiel beginnt.

Zeichensetzung bei Aufzählungen von Satzgliedern

Seite 66 ▶ Nr. 3 ▶ Aufzählung von Subjekten:
… Katzen, Echsen, Schlangen und Greifvögel …

Aufzählung von Prädikaten:
… hören, riechen und spüren …

Aufzählung von Attributen:
… scheuen, unnahbaren, vorsichtigen und aufmerksamen …
… kleinen, nur 20 Zentimeter langen …

Aufzählung von Objekten im Dativ:
… leisesten Geräusch, beim Geruch einer Wildkatze oder dem Nahen eines Greifvogels …
… Heu, frischem Gras, Blättern, kleinen Zweigen, Löwenzahn, Salat, Kräutern und Gemüse …

Aufzählung von Objekten im Akkusativ:
… Gräser, Samen, Baumrinde und Früchte …

Seite 67 ▶ Nr. 1 ▶ In der Spülmaschine stehen Teller, Tassen, Schüsseln und Gläser.

Im Garten gibt es viel Arbeit. Vater gräbt, jätet, hackt, sät und pflanzt.

Lea kauft im Supermarkt ein. Sie kauft Brot, Butter, Käse, Gemüse und Obst.

Linus begegnet in der Stadt seinem besten Freund, seiner Lehrerin, seinem Bruder, seiner Tante und einem Nachbarn.

Bei Regen spannen die Menschen ihre Regenschirme auf. Da sehen wir auf der Straße bunte, einfarbige, gestreifte, gepunktete und selbstbemalte Regenschirme.

Während des Festzugs drängten sich die Menschen an den Fenstern, auf den Balkonen, in den Hauseingängen, am Straßenrand, auf Bäumen und auf Zäunen.

Nr. 3 ▶ Der Sturm tobt, heult, jault, pfeift und jammert über dem Meer.

Das Toben, Heulen, Jaulen, Pfeifen und Jammern will kein Ende nehmen.

Im Internet findet Mara interessante, nutzlose, falsche, schnelle und verwirrende Informationen.

Während des Platzregens suchen die Menschen Schutz in Geschäften, Hauseingängen, in einem Café, unter einem Dach oder unter einer Unterführung.

Bei unserem Ausflug in den Wald fanden wir Pilze, Walderdbeeren, Himbeeren und Brombeeren.

Wir fragen den Förster: „Führen Sie uns durch einen Nadelwald, Laubwald oder einen Mischwald?“

Seite 68 ▶ Nr. 1 ▶ Das Great Barrier Reef wurde 1770 vom britischen Seefahrer James Cook entdeckt. Es liegt im Südpazifik, nordöstlich von Australien und an der Küste des Bundesstaates Queensland.

Das Great Barrier Reef gilt als das größte, schönste und artenreichste Korallenriff der Welt.

Es besteht aus unzähligen Riffen, Sandbänken und Inseln.

Es verändert ständig seine Form, Größe, Länge und Breite.

Verschiedenste Algenarten, Korallenarten, Schwammarten und Fischarten leben in diesem Lebensraum.

Wissenschaftler entwickeln Pläne, die in Zukunft das Leben im Korallenriff schützen, erhalten und bewahren sollen.

Nr. 2 ▶ Die scheuen, unnahbaren, vorsichtigen und aufmerksamen Wildmeerschweinchen haben viele Feinde.

Zu ihren Feinden zählen Katzen, Echsen, Schlangen und Greifvögel, die Nagetiere als Leckerbissen jagen.

Die kleinen, nur 20 Zentimeter langen Wildmeerschweinchen können sich aber gut schützen, weil sie hervorragend hören, riechen und spüren.

Beim leisesten Geräusch, beim Geruch einer Wildkatze oder dem Nahen eines Greifvogels flitzen sie in ihre unterirdischen Verstecke.

Bei großer Gefahr springen sie sogar hoch in die Luft, um dem Feind zu entkommen.

Die Wildmeerschweinchen fressen Gräser, Samen, Baumrinde und Früchte.

Mirco füttert sein Meerschweinchen mit Heu, frischem Gras, Blättern, kleinen Zweigen, Löwenzahn, Salat, Kräutern und Gemüse.

das oder dass in Satzgefügen

Seite 69 ▶ Nr. 2 ▶ Der Feldhamster ist ein wild lebendes Tier, <u>das fast ausgestorben ist</u>. In einer biologischen Station wurde jetzt entschieden, dass 120 Tiere im Frühjahr ausgewildert werden sollen. Ziel ist es, dass die kleinen Nagetiere sich wieder in der freien Natur vermehren. Einige Bauern stellen Teile ihres Landes zur Verfügung, <u>das nicht angebaut und abgeerntet wird</u>. Die dadurch wild wachsenden Pflanzen sorgen dafür, dass die Feldhamster genügend Futter und Deckung vor Fressfeinden haben. Die Experten wollen aber auch sehen, dass sich die Tiere gut entwickeln. Jedes Tier, <u>das in die Freiheit entlassen wird</u>, bekommt einen Chip oder einen Sender.

Nr. 3 ▶ Hauptsatz: Der Feldhamster ist ein wild lebendes Tier,

Relativsatz: das fast ausgestorben ist.

Hauptsatz: Einige Bauern stellen Teile ihres Landes zur Verfügung,

Relativsatz: das nicht angebaut und abgeerntet wird.

Hauptsatz: Jedes Tier,

Relativsatz: das in die Freiheit entlassen wird,
Hauptsatz: bekommt einen Chip oder einen Sender.

Nr. 4 ▶ Beispiellösung:
Das Auto, das vor unserem Haus steht, gehört meinen Eltern.
Das Buch, das du mir geliehen hattest, ist in meiner Tasche.
Das Quiz, das in der Zeitung steht, ist ziemlich schwierig.

Seite 70 ▶ Nr. 1 ▶ Wann bringst du mir das Buch zurück, das ich dir vor den Ferien geliehen hatte?
Das Handy wurde mir gestohlen, das mir meine Eltern geschenkt haben.
Das Lied will mir nicht aus dem Kopf, das ich im Radio gehört habe.

Nr. 2 ▶ Wann bringst du mir das Buch, das ich dir vor den Ferien geliehen hatte, zurück?
Das Handy, das mir meine Eltern geschenkt haben, wurde mir gestohlen.
Das Lied, das ich im Radio gehört habe, will mir nicht aus dem Kopf.

Nr. 3 ▶ Die Straße, die an unserem Haus vorbeiführt, ist eine Spielstraße.
Die Blume, die bis zu unserem Fenster emporrankt, ist eine Kletterrose.
Der Asphalt auf der Straße, der von der Sonne erhitzt wurde, ist geschmolzen.

Nr. 4 ▶ Die Straße, welche an unserem Haus vorbeiführt, ist eine Spielstraße.
Die Blume, welche bis zu unserem Fenster emporrankt, ist eine Kletterrose.
Der Asphalt auf der Straße, welcher von der Sonne erhitzt wurde, ist geschmolzen.

Seite 71 ▶ Nr. 1 ▶ Vater möchte, dass wir unsere Ferien in der Lüneburger Heide verleben.
Opa glaubt, dass es heute noch ein Gewitter gibt.
Mutter verspricht, dass wir während der Ferien einen Ausflug an den Bodensee unternehmen.
Oma freut sich, dass wir sie am Wochenende besuchen.
Mara schreibt, dass sie die Führerscheinprüfung bestanden hat.
Ich meine, dass es noch nie so viel geregnet hat, wie in diesem Jahr.
Lorenz findet, dass ihm der Pullover gut steht.

Seite 72 ▶ Nr. 1 ▶ dass, dass, das, das, das, das

Adjektiv	Wiewort	schnell
adverbiale Bestimmung	Umstandsbestimmung: des Grundes des Ortes der Zeit der Art und Weise	 aus Freundlichkeit (Warum?) im Bus (Wo?) am Nachmittag (Wann?) ohne Ende (Wie?)
Akkusativ	4. Fall (Wen oder was?)	den Mann
Akkusativobjekt	Satzergänzung im 4. Fall (Wen- oder Was-Fall)	Mara schreibt ihrer Freundin **eine E-Mail**.
Attribut	Beifügung	das **rote** Auto
bestimmter Artikel	bestimmter Begleiter	der, die, das
Dativ	3. Fall (Wem?)	dem Mann
Dativobjekt	Satzergänzung im 3. Fall (Wem-Fall)	Mara schreibt **ihrer Freundin** eine E-Mail.
Demonstrativpronomen	hinweisendes Fürwort	dies, jenes
Futur	Zukunft	er wird spielen
Genitiv	2. Fall (Wessen?)	des Mannes
Hauptsatz	selbstständiger Satz	Der Maler streicht den Zaun.
Infinitiv	Grundform der Tunwörter	spielen
Konjunktion	Bindewort	und, oder, weil, dann
Komparativ	Höherstufe	schneller
Nebensatz	Der Nebensatz ist dem Hauptsatz untergeordnet. Der Nebensatz kann dem Hauptsatz vorangestellt, nachgestellt oder zwischengeschoben sein.	**Wenn ich Zeit habe**, gehe ich ins Kino.
Nomen/Substantiv	Namenwort	Hund
Nominativ	1. Fall (Wer- oder Was-Fall)	der Mann
Personalpronomen	Personalfürwort	ich, du, er, sie, es, wir, ihr, sie
Plural	Mehrzahl	die Hunde
Positiv	Grundstufe	schnell
Possessivpronomen	besitzanzeigendes Fürwort	mein, dein, sein, unser, euer, ihr
Prädikat	Satzaussage (Was tut …?)	Mara **schreibt**.